NAPOLÉON

ET

M. DE SISMONDI

EN 1815,

PAR

ACHILLE JUBINAL,
Député au Corps législatif.

SECONDE ÉDITION,

SUIVIE

DE L'ACTE ADDITIONNEL AUX CONSTITUTIONS
DE L'EMPIRE

ET D'UN APPENDICE

PARIS,
CHEZ TOUS LES LIBRAIRES.

1865.

Paris. Imp. Pillet fils aîné, rue des Grands-Augustins, 5.

> « Le grand Empereur tombé se retire à l'île d'Elbe. Là, replié sur lui-même, il dégage la vérité et reconnaît que si l'Empire a pu étonner le monde sans la liberté, la liberté est nécessaire à l'Empire pour accomplir sa mission. »
>
> *Le prince* Napoléon. (*Discours d'Ajaccio.*)

Dans les premiers mois de 1815, M. de Sismondi, connu déjà pour un écrivain distingué et qu'on regardait, à juste titre, comme un historien de haute raison, publia dans le *Moniteur*, à propos de l'*Acte additionnel aux Constitutions de l'Empire*, divers articles qui furent alors très-remarqués.

Français par le cœur, Français par la langue et par ses études sur notre passé, mais imbu, par son origine, de l'esprit genevois et municipal, M. de Sismondi n'avait pas été, dans les premières années de l'Empire, un bien chaud partisan de l'Empereur. Engagé, de penchant et d'amitiés, dans le parti libéral, c'était un républicain modéré, — un constitutionnel à la Malouet, — un homme sensible, comme on disait alors; mais en même temps un politique très-positif.

Aussi s'était-il tenu dans une sorte de neutralité philosophique et expectante, qui ne laissait percer aucune opinion à l'égard de Napoléon. S'il n'avait rien écrit contre les institutions impériales, sa plume n'avait rien dit non plus en leur faveur, ni en faveur du grand homme pour qui et en qui la France, qu'il personnifiait, les avait établies.

Ses sentiments paraissaient donc entièrement libres, et lui-même semblait attendre, impartial comme un juge, ce que le destin déciderait. Mais qui peut ainsi rester impassible au milieu des grandes catastrophes? M. de Sismondi, tout Genevois qu'il était, et quelque participant qu'il fût, par sa nature alpestre, à la froideur des glaciers de son pays, sentit son cœur s'émouvoir aux désastres de nos soldats, et il ne put contempler sans une vive émotion cette longue traînée de sang qui allait de Moscou au Rhin. L'invasion de la France par les armées étrangères ne l'affligea pas moins, et la Restauration, malgré sa charte octroyée, le laissa profondément triste. Voyant les Bourbons à l'œuvre, il sentit sur-le-champ, avec son sens droit, — bien que la charte donnât satisfaction à quelques-unes de ses idées, — que ce n'était pas là le gouvernement national destiné, comme l'écrivaient avec fracas quelques utopistes facilement éblouis par des éclairs de libéralisme, — à opérer la régénération de la France, et à unir, dans un mariage indissoluble, l'ordre avec la liberté.

Non. — M. de Sismondi était trop positif pour se laisser aller à ces illusions; et loin de suivre ses amis, tels que Benjamin Constant et madame de Staël, dans leur fougueuse adhésion au régime nouveau, il le condamna dans son esprit, certain par avance que la Restauration, imposée par la sainte alliance et par l'émigration, n'ouvrirait qu'une ère de conflits, de complications et de douloureuses expériences, pour aboutir infailliblement, tôt ou tard, à une révolution. M. de Sismondi se prit alors, — cela est évident par sa correspondance, — à regretter le grand homme qui avait tenu si haut le drapeau de la France, — l'homme des *novissima verba*. Quand arriva le 20 mars, il ne fut pas de ceux qui s'étonnèrent, mais de ceux qui se réjouirent; et bientôt, voyant l'empereur publier l'*Acte additionnel*, il espéra l'établissement définitif de la quatrième dynastie; — dynastie nationale et constitutionnelle, sortie des entrailles mêmes du peuple, — fille de la Révolution et consacrant, dans sa glorieuse personnification, ce que celle-ci avait de plus sain, de plus rationnel, de plus conforme au génie et aux besoins modernes.

Tel fut, — tel se trouva être, M. de Sismondi après le 20 mars. L'*Acte additionnel* acheva de le gagner à la cause de Napoléon, et lui, l'ancien libéral, le citoyen né dans une république, n'hésita point à prendre parti pour le grand Empereur. Il écrivit en faveur de la nouvelle constitution de l'Empire pour qu'on s'y ralliât, et il en devint, à son honneur, un des partisans les plus déclarés.

Du reste, il y avait déjà long-temps que son âme était pleine d'angoisses à l'égard de la France. Nos malheurs, même à travers nos victoires, l'avaient plus d'une fois ébranlée, et, à lire les pages intimes qui échappent à M. de Sismondi, on voit qu'il avait pour nous la fièvre du patriotisme et de la pitié. « Dans l'attente des malheurs publics et privés, écrit-il en 1813, j'ai toujours le bouillonnement d'une curiosité douloureuse, en recevant et en ouvrant mes lettres. — Quand elles ne sont pleines que de littérature, comme une que je reçus hier sur la question de juger si Macpherson était l'auteur ou le traducteur des poésies dites d'Ossian, ce n'est pas sans un mouvement d'impatience que je les lis. C'est bien de cela vraiment qu'il s'agit aujourd'hui!... »

N'est-ce pas ici la contre-partie de ce mot célèbre jeté par M. de Châteaubriand, comme un cri de la conscience, dans ses *Réflexions politiques* : « La Révolution!... n'y avons-nous rien gagné? » Ainsi, ces deux grands esprits se touchaient, sentant bien tous les deux que le souffle émancipateur n'avait point seulement passé dans l'air, mais qu'il y était resté, pour ainsi dire, à l'état d'atmosphère, et que désormais l'âme tout entière des peuples ne pouvait plus vivre qu'en le respirant.

Le 2 février 1814, à l'heure où l'invasion commence, et où les nationalités les plus diverses vont se trouver face à face, M. de Sismondi écrit ces mots : « Quant aux nations, je n'estime hautement que l'anglaise. — Après celle-là, qui me semble hors de pair entre toutes les autres, c'est la française que je préfère. — Je souffre pour elle lorsqu'elle souffre, et encore que je ne sois point Français, mon orgueil se révolte quand son honneur même est compromis. »

Ecoutons-le trois mois après, au lendemain de nos désastres. Son cœur éclate de douleur et d'amour. Cette France, que foule le pied de l'étranger, il la revendique comme sa patrie, et il le fait dans les termes les plus nobles, les plus ardents. « J'évitais de toutes mes forces, écrit-il de Brescia, à la date du 1er mai, d'être confondu avec la nation dont je parle la langue pendant ses triomphes; mais je sens vivement, dans ses revers, combien je lui suis attaché, combien je souffre de sa souffrance, combien je suis humilié de son humiliation. L'indépendance du gouvernement et les droits politiques font les peuples; la langue et l'origine commune font les nations. Je fais donc partie, que je le veuille ou non, du peuple genevois et de la nation française, comme un Toscan appartient à la nation italienne, comme un Prussien à la nation allemande, comme un Américain à la nation anglaise. Mille intérêts communs, mille souvenirs d'enfance, mille rapports d'opinion lient ceux qui parlent une même langue, qui possèdent une même littérature, qui défendent un même honneur national. Je souffre donc au dedans de moi, sans même songer à mes amis, à la seule pensée que les Français n'auront leurs propres lois, une liberté, un gouvernement à eux, que sous le bon plaisir des étrangers, que leur défaite est un anéantissement total qui les laisse à la merci de leurs ennemis, quelque généreux qu'ils soient. Je ne suis pas bien sûr que madame de Staël partage ce sentiment; mais je réponds de l'impression que recevront ses amis, dont les vœux étaient auparavant si pleinement d'accord avec les vôtres, avec les siens et avec les miens. Les femmes, plus passionnées que nous dans tous les partis qu'elles embrassent, sont d'autre part beaucoup moins susceptibles de cet esprit national; l'obéissance les révolte moins, et comme ce n'est pas leur vertu, mais la nôtre, qui paraît compromise par des défaites suivies d'une absolue dépendance, elles s'en sentent moins humiliées. »

A la fin de cette même lettre, Sismondi a un mot fin et spirituel, ou, pour mieux dire, simple et grand sans prétention. M. Fabre, fondateur, depuis, du musée de Montpellier, alors ami de madame d'Albany, en attendant qu'il succédât tout-à-fait à Alfiéri en devenant son époux, — Fabre, dis-je, était un esprit réactionnaire, hostile de cœur et de tempérament à la Révolution française. Sismondi, sa lettre achevée, se retourne tout-à-coup vers lui, et lui lance subitement cette patriotique apostrophe, qui dut surprendre étrangement le Claude Anet de la veuve du dernier des Stuart : — « M. Fabre ne se sent-il pas redevenir Français dans ce moment-ci? » — Je ne sais pas ce qui en était au juste; mais je m'assure que madame la comtesse d'Albany, qui a dû le savoir, aurait pu en toute sûreté de conscience répondre non par avance.

L'Empereur, étonné de trouver dans M. de Sismondi, qui n'avait jamais brigué ses faveurs, un défenseur aussi convaincu et tout-à-fait désintéressé (chose non moins rare alors qu'aujourd'hui), conçut le désir de voir ce philosophe qui tenait à balance égale la plume du critique et de l'historien. Il le fit appeler, et, grâce à la correspondance de l'écrivain avec sa mère (correspondance qui est aujourd'hui entre les mains de mademoiselle de Montgolfier), nous savons quelque chose sur cet entretien, que l'histoire contemporaine a le devoir de recueillir.

Ce fut le 3 mai 1815 que Sismondi fut reçu à l'Élysée-Bourbon, sur un ordre de l'Empereur. Le maître, sinon de l'Europe, du moins de la France, car il l'était encore en ce moment, déploya toutes les séductions qui avaient fasciné tant d'esprits disposés à la résistance, et qui sont restés un des apanages de sa race. L'écrivain fut respectueux, mais austère, car dévoué aux idées, il ne se donnait pas autant à la personne, pour grande et imposante qu'elle lui apparût. Tous deux se promenèrent longtemps ensemble sous les ombrages du parc. On eût dit deux platoniciens s'épanchant au déclin d'un beau jour, sans autre préoccupation que celle de leurs arguments philosophiques.

Le soir même, M. de Sismondi notait pour sa mère la conversation de l'Empereur ; il est à croire qu'il l'a rapportée fidèlement et dans son entier. Tout d'abord, il y fut question des ouvrages de l'historien. L'Empereur les avait tous lus. Il connaissait son interlocuteur comme publiciste, comme économiste, et il avait spécialement apprécié l'article du 29 avril sur l'*Acte additionnel*, — article dont le *Moniteur* du jour même où avait lieu cette entrevue venait de publier la seconde partie.

Sismondi répondait modestement que son travail était l'œuvre d'une conviction sincère, car il avait été sérieusement affligé des clameurs que soulevait la Constitution nouvelle. — « Cela passera, dit l'Empereur. Mon décret sur les municipalités et les présidents de collége fera bien. D'ailleurs, voilà les Français ; je l'ai toujours dit : ils ne sont pas mûrs à ces idées. Ils me contestent le droit de dissoudre les assemblées qu'ils trouveraient tout simple que je renvoyasse la baïonnette en avant. »

Au milieu de ces paroles, qui rappelaient d'anciennes ardeurs, Sismondi demeurait calme, considérant comme un devoir de faire comprendre à Napoléon l'habileté, la nécessité de son changement de conduite, car le temps des coups d'État était passé, et l'on n'avait à craindre à cette heure-là ni l'Orangerie ni le Jeu de Paume. La France désormais était jalouse de ses droits, trop jalouse peut-être. « Ce qui m'afflige, disait le publiciste au souverain, c'est que vos adversaires ne sachent pas voir que le système de Votre Majesté est nécessairement changé. Représentant de la Révolution, vous voilà devenu associé de toute idée libérale, et le parti de la liberté, ici comme dans le reste de l'Europe, est votre seul allié. — C'est indubitable, reprit l'Empereur. Les populations et moi nous le savons de reste. C'est ce qui me rend le peuple favorable. Jamais mon Gouvernement n'a dévié du système de la Révolution[1]..... D'ailleurs, moi, je suis pour l'application. Égalité devant la loi, nivellement des impôts, abord de tous à toutes places. J'ai donné tout cela. Le pays en jouit. Voilà pourquoi je suis son homme !... Oui, je suis populaire en dépit des idéalistes !... Les Français, extrêmes en tout, défiants, soupçonneux, emportés dès qu'il s'agit de théorie, vous jugent tout cela avec la *furia francese*. L'Anglais est plus réfléchi, plus calme. J'ai vu bon nombre d'entre eux à l'île d'Elbe : gauches, mauvaise tournure, ne sachant pas entrer dans mon salon; mais sous l'écorce on trouve un homme, des idées justes, profondes, du bon sens au moins... »

Évidemment l'empereur croyait Sismondi plus favorable à l'Angleterre qu'il ne l'était en réalité. Celui-ci, depuis les derniers événements, n'écrivait plus que les Anglais étaient un peuple *hors de pair;* il n'aimait plus que la France, et il réservait toutes ses sympathies aux hommes de Champaubert et de Montmirail. L'Empereur le devine, et virant subite-

[1] Plus tard, l'Empereur disait à Benjamin Constant : « Comme des hommes prêts à mourir, nous n'avons rien à nous déguiser. Si je tombe, les patriotes tomberont avec moi. Vous joueriez mal votre jeu si vous me trahissiez. Après moi, vous tous révolutionnaires, vous seriez perdus. Je suis votre dernier dictateur. Méditez sur tout cela. » — (*Voir* l'Appendice, page 77.)

ment de bord en faveur de notre pays, la *douce France*, comme on disait jadis, il s'écrie : « Belle nation! noble, sensible, généreuse, toujours prête aux grandes entreprises! Par exemple, quoi de plus beau que mon retour! Eh bien, je n'y ai d'autre mérite que d'avoir deviné ce peuple! »

On se figure aisément combien de telles paroles éveillent la curiosité de l'historien. Ce sont presque des confidences. Il ose les souhaiter plus complètes. Il jette un mot en avant,... il interroge. « Oui, répond impétueusement son interlocuteur, on a supposé des intrigues, une conspiration! — Bast! pas un mot de vrai dans tout cela. Je n'étais pas homme à compromettre mon secret en le communiquant. J'avais vu que tout était prêt pour l'explosion... Les paysans accouraient au-devant de moi; ils me suivaient avec leurs femmes et leurs enfants, tous chantant des rimes improvisées pour la circonstance, dans lesquelles ils traitaient assez mal le Sénat. A Digne, la municipalité, peu favorable, se conduisit bien. Du reste, je n'avais eu qu'à paraître. Maître absolu de la ville, j'y pouvais faire pendre cent personnes si ç'eût été mon plaisir. »

Tout en jetant ces paroles, que Sismondi recueillait avidement, l'empereur interrogeait à son tour. Il savait que l'ami de Benjamin Constant voyait à Paris beaucoup de personnages considérables et dans des camps très-divers; il appréciait en lui un observateur pénétrant, un témoin désintéressé. Ce ne fut pas, on peut le croire, une conversation banale que celle-là. Que de conquêtes morales l'empereur pouvait faire à l'aide d'une seule conquête! Et que d'efforts, que de combats peut-être sur lui-même, pour assiéger cette âme de Genevois si ferme et si simple en même temps!... Les notes ingénues tracées par Sismondi nous permettent d'entrevoir toute la scène. Un dernier trait la caractérise. Lorsque l'Empereur rentra au palais, accompagné ou suivi de son interlocuteur, « *d'un mouvement brusque,* dit ce dernier, *il essuya son front couvert de sueur, comme dans le feu d'une bataille.* »

Ce sont les articles, ou pour mieux dire les thèses politiques qui amenèrent cette curieuse conversation entre Napoléon et M. de Sismondi, que nous avons cru devoir rassembler ici. Les aperçus qui y sont présentés ainsi que les considérations qui y sont développées, ont une valeur que je ne voudrais pas exagérer, mais qui leur est propre. Cette valeur tient beaucoup à l'homme sans doute; mais elle nous éclaire aussi sur l'exégèse morale et politique de son temps. A ce titre j'ai pensé qu'il ne serait peut-être pas inutile de réimprimer aujourd'hui un travail qui pourra servir de *criterium* pour apprécier les pas que nous avons faits depuis, en divers sens et à diverses époques, dans la pratique constitutionnelle. D'ailleurs, en un moment où des gens, qui ne sont pas précisément d'aventureux théoriciens, désireraient revoir un *Acte additionnel nouveau*, et où ils l'appellent à grands cris sous le titre de *couronnement de l'édifice,* il m'a paru qu'il y avait un certain à propos à remettre en lumière l'examen consciencieux de ce document législatif tracé de main de maître par un des plus honnêtes libéraux du premier empire, — examen qui a fait dire au plus illustre historien du second (M. Thiers) ces paroles remarquables : « Jamais la liberté, — toute la liberté qui est raisonnablement désirable, — n'avait été plus complètement accordée à la France. »

A aucune époque non plus la France n'avait laissé éclater, comme le fait observer avec justesse l'auteur du discours d'Ajaccio, un plus vif enthousiasme qu'en présence de cette situation toute nouvelle dans son histoire.

Aussi, quelques années plus tard, du haut de ce rocher d'où son regard d'aigle reculait encore les horizons de la grandeur humaine, Napoléon, qui était resté ferme dans ses dernières croyances, put-il dicter cet *enseignement*, qui fait songer à ceux de saint Louis : « Dites à mon fils qu'il se rappelle avant tout qu'il est Français, et qu'il donne à la nation autant de liberté que je lui ai donné d'égalité. »

Le martyr de l'Europe avait profondément raison. La servitude abaisse les caractères et les peuples : la liberté seule les élève.

ACHILLE JUBINAL,

Député au Corps législatif.

MÉLANGES.

DE

L'ACTE ADDITIONNEL AUX CONSTITUTIONS,

PRÉSENTÉ A L'ACCEPTATION DU PEUPLE FRANÇAIS.

PREMIER ARTICLE.

(*Moniteur* DU SAMEDI 29 AVRIL 1815, PAGES 485-486.)

« Je sens le besoin d'exprimer ma pensée sur l'acte important de l'adoption d'une constitution auquel la France est appelée. J'ai appartenu quinze ans à cette France, que j'aime et que j'admire. Si pendant ce temps on n'a jamais pu m'y soupçonner d'aucune ambition personnelle, si on ne m'y a jamais vu fléchir devant aucun pouvoir, si aujourd'hui notre séparation d'avec la France m'ôte jusqu'à la possibilité d'y entrer dans une carrière publique, je n'en ai pas moins le sentiment que c'est ma cause qui se traite à présent, car c'est celle de tous les hommes libres; je n'en sens pas moins que la confiance des Français dans leur gouvernement, leur amour pour leurs lois et leur union peuvent seuls faire leur force, que le déploiement de cette force est nécessaire dans la lutte à laquelle l'Europe les appelle, et qu'à leur victoire est attachée toute espérance de lumières pour les hommes et les nations de toute l'Europe.

« Lorsqu'il s'agit de constitutions et de droits des peuples, j'ai quelques droits de parler des études pratiques de toute ma vie. Il y a vingt ans que j'entrepris un long ouvrage sur les constitutions des peuples libres, et je ne l'ai jamais abandonné, quoique je n'aie jamais vécu dans un gouvernement sous lequel il pût m'être permis de le publier.

« Il y a vingt ans aussi que j'entrepris mon *Histoire des Républiques italiennes*, et, sur ce théâtre mouvant, toutes les combinaisons politiques ont été essayées, toutes les passions populaires ont été développées. Je puis donc mériter quelque confiance lorsque je déclare solennellement que de toutes les constitutions libres que j'ai étudiées pendant tant d'années, il n'y en a pas une seule que je ne regarde comme inférieure à celle qui est présentée aujourd'hui à l'acceptation du peuple français. Je ne considère point celle-ci comme un ouvrage parfait : dans une analyse plus détaillée j'indiquerai peut-être les défauts de l'ordre révolutionnaire auquel il a été nécessaire de la rattacher, les défauts d'un système particulier, peu conforme à l'esprit du temps, qui a été suivi dans quelques parties; j'indiquerai peut-être les corrections qu'on pourra demander aux autorités constituées, lorsqu'elles auront reçu l'existence, et ces corrections, elles auront le droit de les introduire successivement et sans secousses; mais en croyant à des perfectionnements possibles, en croyant à des défauts, je le répète, je ne connais aucune monarchie constitutionnelle qui assure tant de droits et de libertés au peuple, et j'ai cependant étudié les lois de l'Angleterre, de la Suède, de la Pologne et des royaumes de l'Espagne avant Ferdinand-le-Catholique. Je ne connais aucune république où la liberté du citoyen soit mieux garantie, et j'ai étudié le gouvernement des divers États républicains de l'Europe, et j'ai approfondi presque seul les constitutions détruites des républiques italiennes du moyen âge; enfin, je ne connais aucune épreuve de constitution tentée pendant ces vingt dernières années, au milieu des convulsions de l'Europe, dans laquelle les principes sur lesquels tous les publicistes sont d'accord soient mieux respectés, et qui établisse l'équilibre des pouvoirs et leur harmonie, sans laquelle on ne peut espérer ni liberté, ni repos, ni durée. »

La constitution nouvelle est fort courte, plus courte qu'aucune de celles qu'on a données jusqu'à présent à la France : en soixante-sept articles elle contient toute l'organisation de l'Empire; et, parmi ces articles, j'en ai compté vingt et un qui expriment des droits nouveaux donnés au peuple, des conquêtes faites pour la liberté. A chacune des sanctions qu'on avait attaquées comme défectueuses dans la charte constitutionnelle on a substitué une sanction plus libérale; on a corrigé presque tous les défauts indiqués par l'opinion publique, et l'on n'a pas fait un seul pas rétrograde. Ceux qui demandent de plus grandes concessions en faveur de la liberté, ont-ils bien calculé si elles étaient possibles, si elles ne détruiraient pas tout équilibre? Et puisque les innovations qu'ils peuvent désirer ne sont garanties par aucune expérience, puisqu'aucun grief national, aucune souffrance universellement tentée n'en indique le besoin, sont-ils assurés que leur opinion soit une opinion nationale? ou plutôt ne sommes-nous pas certains que chaque mécontent oppose au projet qui est soumis à la nation sa propre théorie, que c'est ainsi qu'il trouve des associés pour abattre, tandis qu'il n'en trouverait point pour réédifier, car il préfère ses idées particulières aux idées de tous; d'autres blâment comme lui, mais pour d'autres motifs que lui, et chacun à son tour se trouverait seul s'il essayait de proposer.

Dans l'examen d'une constitution il faut chercher successivement les droits des citoyens ou la garantie de la liberté personnelle, les droits du peuple ou la garantie de la puissance de la volonté nationale, l'équilibre enfin entre les pouvoirs constitués ou la garantie de la force, de la sagesse du gouvernement et du repos du peuple. Je passerai en revue ces différentes garanties dans des articles successifs, et je crois pouvoir démontrer que la liberté personnelle, la liberté religieuse, la liberté des opinions et de leur expression publique, la sûreté des personnes et des propriétés, leur indépendance de toute autre autorité que celle des tribunaux, sont bien mieux garanties qu'elles ne l'ont été en France sous aucun gouvernement, ou monarchique ou républicain, qu'elles sont aussi entières qu'en Angleterre, plus entières que dans aucun canton Suisse, dans aucune ville impériale d'Allemagne, ou dans aucune partie de l'Europe.

Je crois pouvoir démontrer que la représentation nationale de la France sera plus égale qu'elle ne l'est en Angleterre, beaucoup plus à l'abri de la corruption, qu'elle jouira cependant de tout autant de droits et de priviléges, pourvu qu'elle veuille les défendre, qu'elle aura une initiative aussi complète que le parlement britannique, quoique exprimée par des termes différents; que l'influence des pairs sera nécessairement beaucoup moindre qu'en Angleterre, et que les craintes qu'on a conçues à cet égard sont chimériques; qu'enfin la liberté de la presse, qui est elle-même protégée par la procédure par jurys et la responsabilité des ministres, donneront au peuple une action continue sur ses représentants, et aux représentants une action non moins continue sur le ministère.

Je crois pouvoir encore démontrer que la constitution donne aux deux chambres une importance dont le Tribunat, le Corps législatif et le Sénat, ou dont les deux chambres et la charte royale n'ont jamais approché; et qu'une puissance plus grande encore serait trop voisine du danger que nous avons déjà éprouvé il y a vingt ans, et transporterait la tyrannie dans les assemblées populaires.

« Enfin, j'examinerai l'équilibre établi dans l'intention du législateur entre les pouvoirs constitués et les moyens d'harmonie qu'il a mis en réserve. Je ne dissimulerai point alors les objections que je crois fondées sur l'indépendance aristocratique de la chambre des pairs, que l'on a cherchée dans une succession héréditaire, et que j'aurais cherchée dans le mode de leur élection. Je ne dissimulerai pas non plus une autre objection d'une nature bien plus délicate, et qu'on ne peut traiter que sous l'égide d'une liberté absolue de la presse ; car elle tient au caractère même de l'empereur et à la force redoutable de cette volonté inflexible qui n'est guère séparée du génie. En cherchant l'équilibre entre sa force colossale et les deux chambres, je sais que beaucoup de chances se dérobent aux calculs, et que la crainte des plus timorés n'est pas insensée. Mais je le déclare encore, comme il faut aussi une garantie de l'honneur et de la puissance nationale; comme la France a besoin d'un chef qui la régénère et qui la sauve, je ne saurais désirer, pour obtenir l'équilibre, une autre distribution de forces que celle qui est proposée. »

J.-CH.-L. DE SISMONDI.

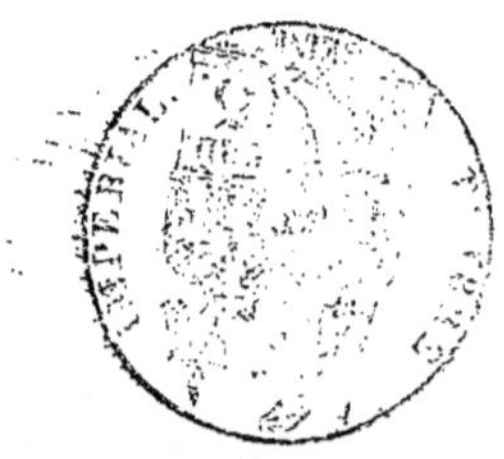

MÉLANGES.

SECOND ARTICLE SUR LA CONSTITUTION.

(*Moniteur* DU 2 MAI 1815, PAGES 497-498.)

Les détracteurs du nouvel acte constitutionnel conviennent, pour la plupart, qu'il ne contient que des sanctions libérales, qui partent à peu près des mêmes bases que la charte constitutionnelle ; il ne s'en écarte jamais que dans l'intérêt du peuple et pour augmenter sa liberté. Mais c'est le titre même de cet acte *additionnel* qui les blesse et ces mots de l'article 1er : *Toutes leurs autres dispositions* (des constitutions de l'Empire) *sont confirmées et maintenues.* Il leur semble voir en réserve, dans ces sénatus-consultes peu connus, mais qui ont laissé une impression peu favorable, un arsenal d'armes oppressives, qui doivent ramener le despotisme dont ils ont eu à souffrir. C'est ainsi que les passions populaires sont souvent excitées ou calmées par les mots, non par les choses. L'acte additionnel, embrassant précisément les mêmes points que la charte constitutionnelle, a abrogé précisément les mêmes sénatus-consultes qu'elle. Ceux au contraire qui sont conservés par l'acte additionnel n'avaient jamais été abrogés et ils ont régi la France jusqu'à ce jour. La nomination de l'empereur est peut-être le seul acte constitutionnel qui ait été suspendu par la charte et qui soit remis en vigueur, tandis que nous pourrions indiquer plus d'un sénatus-consulte contraire à la liberté que la charte conservait et que ce nouvel acte détruit. L'article 68 de la charte portait : « Le Code civil et les lois « actuellement existantes qui ne sont pas contraires à la « présente charte, restent en vigueur jusqu'à ce qu'il y « soit légalement dérogé. » De même ces lois, ces dispositions conservées dans le nouvel acte, ne restent en vigueur que jusqu'au moment où elles seraient modifiées par l'empereur et les deux chambres. Ce ne sont pas les lois civiles seules que le roi avait conservées, ce sont bien les constitutions et sénatus-consultes organiques; car c'est sur leur seule autorité que la France était divisée en départements, qu'elle avait des colléges électoraux, des préfets, des maires, des conseils de département, d'arrondissement, de municipalité, des tribunaux civils, criminels, de paix, de commerce, de cassation, que les attributions de tous ces pouvoirs étaient fixées, que les pouvoirs nationaux enfin étaient partout organisés. La charte royale gardait un silence absolu sur toutes ces parties, mais les précédentes constitutions de l'Empire y avaient pourvu. Fallait-il anéantir d'un mot ces sénatus-consultes que le roi avait conservés, et rendre provisoirement illégitimes toutes les autorités qui régissent la France? Au contraire, on avait reconnu que l'article 68 de la charte, qui conservait tout l'édifice social, était un des plus conformes aux idées saines et libérales. Car, quel que soit le danger d'une mauvaise loi, la précipitation avec laquelle on la renverse, est bien plus dangereuse encore. Ce ne sont que des insensés qui abattent l'édifice politique pour le relever sur un nouveau plan. Quelque défectueux qu'il soit, dût-on en refaire à neuf toutes les parties, c'est successivement qu'il faut y porter la main ; il faut que le vieux subsiste partout jusqu'à ce que le nouveau le remplace.

Il faut d'ailleurs remarquer une différence essentielle entre les deux constitutions. Le roi s'était attribué à lui seul le pouvoir constituant, qu'il distinguait du pouvoir législatif. Aussi, après avoir déclaré que, volontairement, et par le libre exercice de son autorité royale, il avait accordé, fait concession et octroi de la charte royale, il la déclarait perpétuelle, et ne permettait à aucune réunion des autorités souveraines, dans l'Etat, de la corriger. L'empereur, au contraire, propose au peuple, à la seule autorité nationale légalement constituée qui soit actuellement debout, un acte constitutionnel nécessaire pour légitimer l'exercice futur de la souveraineté. Mais, comme il n'y a aucun moyen possible pour qu'une nation de 25 millions d'habitants discute démocratiquement sa constitution et l'arrête, article par article, dans quarante mille assemblées primaires, qui chacune apporterait un projet différent, il se garde bien de déclarer que la constitution acceptée ainsi est perpétuelle et inviolable ; il la soumet au contraire à l'autorité législative de la nation, lorsqu'elle sera légalement représentée. Proprement il ne fait autre chose qu'inviter la nation à créer le législateur, à l'organiser d'une manière sage, qui assure à son ouvrage de la maturité et de la lenteur, qui n'expose pas de nouveau le peuple français aux affreuses convulsions d'une convention nationale. Du reste, il abandonne ensuite à cette autorité vraiment nationale de l'empereur et des deux chambres l'ensemble de la législation française, pour qu'elle la conserve ou la corrige.

Au lieu de nous arrêter davantage à cet épouvantail des sénatus-consultes inconnus, dont on a effrayé le peuple, examinons ce que l'acte additionnel fait pour la liberté des Français, et de quelle manière il garantit les droits des citoyens.

Le premier de tous est celui de la sûreté individuelle, § 61 : « Nul ne peut être poursuivi, arrêté, détenu, ni exilé que dans les cas prévus par la loi et suivant les formes prescrites. » Cet article est plus précis que l'article 4 de la charte auquel il correspond, et qui, en ne nommant pas l'exil, semblait réserver aux ministres le droit de l'infliger. Au reste, ces déclarations ne sont qu'une lettre morte lorsqu'il n'existe pas de moyens de les faire respecter. Nous avons vu de semblables sanctions dans toutes les constitutions qui se sont succédé en France, et nous avons toujours entendu parler cependant d'arrestations arbitraires, d'exils de police, de citoyens soustraits à leurs juges naturels. Pour la première fois ce droit essentiel des Français est entouré de garanties propres à inspirer de la confiance. Une arrestation et un exil arbitraire sont toujours ordonnés par un ministre et exécutés par un agent du gouvernement; mais les ministres n'étaient plus responsables et les agents du gouvernement ne pouvaient être poursuivis qu'en vertu d'une décision du conseil d'Etat; en sorte qu'on renvoyait, pour obtenir justice, à l'autorité même qui avait ordonné la vexation. Le roi promit par la charte de rendre les ministres de nouveau responsables, mais les articles 54 et 56 rendirent cette responsabilité complétement illusoire; elle fut limitée aux fautes qui offensaient le roi lui-même bien plus que la nation. Les ministres ne pouvaient être accusés que pour fait de trahison ou de concussion. Ils ne pouvaient donc pas l'être pour avoir ordonné une arrestation arbitraire, exilé un citoyen, violé aucune des lois protectrices de la sûreté individuelle. Aucune prise à partie contre les agents qui commettaient ces actes arbitraires n'était permise, car ces agents ne pouvaient être poursuivis qu'en vertu d'une décision du conseil d'Etat. En sorte que la partie lésée ne pouvait réclamer devant les tribunaux ordinaires, ni les représentants de la nation devant les pairs. La charte, loin de prévenir les arrestations et les exils arbitraires, semblait garantir l'impunité à ceux qui en auraient ordonné dans l'intérêt du gouvernement.

L'acte additionnel, au contraire, rend les ministres responsables, § 39, de tous les actes du gouvernement signés par eux, et de l'exécution des lois; il les rend, en outre, responsables, § 41, de toute faute qui compromet l'honneur ou la sûreté de la nation; en sorte qu'un ministre serait responsable pour avoir attenté à la sûreté des citoyens, pour n'avoir pas empêché qu'on y attentât, et même pour avoir proposé au gouvernement d'y porter atteinte. De plus, l'acte arbitraire des ministres ne peut être exécuté que par des agents du gouvernement, dans leurs rangs divers, depuis l'archer ou le gendarme, jusqu'au préfet d'un département. Il est essentiel pour la liberté que cet agent puisse toujours être traduit en justice par la partie lésée. L'article 75 du titre VIII de l'acte constitutionnel du 22 frimaire de l'an VIII, portant que les agents du gouvernement ne peuvent être poursuivis qu'en vertu d'une décision du conseil d'État, était destructif de toute liberté; cet article était virtuellement confirmé par la charte constitutionnelle; l'article 50 de l'acte additionnel porte qu'il sera modifié par une loi. J'aurais mieux aimé encore qu'il fût supprimé; il faut convenir, cependant, qu'une loi est nécessaire pour tracer la ligne entre ceux qui exécutent un ordre légal, dont ils ne sont pas responsables, et ceux qui sont punissables pour l'avoir donné. Cette loi sera faite par les représentants du peuple, et elle sera le vrai *habeas corpus* des Français.

Mais pourquoi n'y a-t-il presque pas eu, sous le roi, d'exil ou d'emprisonnement arbitraires? C'est qu'encore que les ministres ne fussent point responsables pour tout acte qu'on ne pouvait qualifier ni de trahison, ni de concussion; encore qu'ils eussent sous eux des agents inviolables, sans un ordre du conseil d'État, ils se sentaient cependant toujours en présence d'une chambre de représentants qui n'était plus muette, comme celle des constitutions précédentes; d'une chambre qui se considérait comme gardienne des libertés du peuple, et qui les aurait dénoncés à l'opinion publique par des délibérations dont tous les journaux rendaient compte. Cette chambre, ébranlée et affaiblie par les révolutions dont elle avait été le témoin et l'instrument, réduite dans ses membres, incertaine de sa mission, va être remplacée par une chambre deux fois plus nombreuse, élue librement, et tout à la fois par les colléges d'arrondissements, aussi bien que par ceux de départements, formée de membres plus jeunes et plus assurés de la confiance du peuple, qui saura cette fois pourquoi il les envoie. Comment la désapprobation d'une telle chambre n'arrêterait-elle pas un ministre prêt à prévariquer ?

Pourquoi encore les ministres du roi n'abusaient-ils guère de leur pouvoir, pour commettre des actes arbitraires? C'est que la charte avait promis la liberté de la presse, et quoiqu'on eût trouvé moyen de limiter étrangement cette liberté, cependant il en restait encore quelque chose ; le général Excelmans trouva encore moyen de dénoncer au public les vexations commises contre lui et sa femme. Ce n'était point la débonnaireté du roi qui avait adouci le caractère de ses ministres : on sait assez que ceux-ci avaient conservé toutes les passions inhérentes au pouvoir ; mais la voix publique seule les contenait. Cette voix publique a bien recouvré un autre degré de force par l'affranchissement absolu de la presse. C'est sans aucune censure préalable que tout citoyen a le droit de publier ses pensées et ses plaintes : ce n'est qu'après leur publication qu'il est responsable, et sa cause doit, dans tous les cas, être soumise à un jury (art. 64). Ce n'est donc pas du gouvernement, mais du peuple, qu'il est justiciable, lorsqu'il attaque le gouvernement, et après qu'il a contribué lui-même à former l'opinion publique, c'est de l'opinion publique qu'il reçoit ses juges.

Au reste, ce ne sont pas les seules sanctions que contient le nouvel acte constitutionnel en faveur de la sûreté personnelle, § 60 : « Nul ne peut, sous aucun prétexte, être distrait des juges qui lui sont assignés par la loi. » Les articles 62 et 63 de la charte disent à peu près la même chose, mais en termes beaucoup moins clairs ; elle employait le mot bien vague de *juges naturels,* et elle réservait le rétablissement des redoutables juridictions prévotales, *s'il était jugé nécessaire*, par le roi, sans doute, de qui toute justice était supposée émaner.

§ 54. « Les délits militaires seuls sont du ressort des tribunaux militaires. » Cet article important n'était point dans la charte, non plus que le suivant, aussi avons-nous vu un délit purement civil jugé par un tribunal militaire, parce qu'un militaire était accusé. D'autres lois, confirmées par la charte et abolies par cet article de l'acte additionnel, pouvaient amener des citoyens devant un tribunal militaire.

§ 56. « Tous les crimes et délits qui étaient attribués à la haute cour impériale, et dont le jugement n'est pas réservé par le présent acte à la chambre des pairs, seront portés devant les tribunaux ordinaires. » Cet article ne se trouve point non plus dans la charte, et si l'on avait voulu exercer une haute justice avec les formes redoutables établies par les constitutions, on aurait droit de prétendre que la haute cour impériale était confirmée par l'article 59 de la charte royale.

L'article 66, qui limite le droit de déclarer une ville en état de siége, et qui le soumet au pouvoir législatif, n'a point non plus de corrélatif dans la charte. Le roi pouvait donc suspendre la constitution et soumettre les citoyens à un pouvoir militaire, dans le cas d'un danger bien moins réel que celui où ce droit est acquis à l'empereur. D'ailleurs, le ministre qui l'aurait fait n'en était point responsable, pourvu que cet acte arbitraire ne fût mêlé ni de concussion, ni de trahison. Aujourd'hui tout agent du gouvernement qui suspend l'autorité des lois, même pour sauver la patrie dans le plus grand danger, en doit compte à la nation.

§35. « Aucun impôt direct ou indirect, en argent ou en nature, ne peut être perçu ; aucun emprunt ne peut avoir lieu ; aucune inscription de créance au grand-livre de la dette publique ne peut être faite ; aucun domaine ne peut être aliéné ni échangé ; aucune levée d'hommes pour l'armée ne peut être ordonnée ; aucune portion du territoire ne peut être échangée qu'en vertu d'une loi. »

Cet article met sous la sauvegarde des représentants de la nation la vie des citoyens, la jouissance de leurs droits, leurs propriétés et celles de l'État. A quelques égards il avait ses corrélatifs dans la charte. Ainsi, § 12, les levées d'hommes ou le recrutement des armées étaient également déterminés par la loi. Il y a cependant ici une grande différence, c'était le mode du recrutement que la loi royale devait déterminer, et, une fois pour toutes, tandis que désormais chaque levée d'homme doit être actuellement et annuellement décrétée par les représentants de la nation. La charte royale n'abolissait que le nom de la circonscription, celle-ci seule abolit son exécution arbitraire.

La charte royale ne réservait point au pouvoir législatif les échanges de territoire, en sorte que le roi, par un échange de territoire, pouvait livrer une population de citoyens français au joug despotique des rois d'Espagne et de Sardaigne.

La charte royale garantissait aux députés nationaux, § 48, le droit de décréter les impôts, mais elle n'était nullement explicite sur les emprunts, les inscriptions de créance, les domaines royaux, et lorsque le fisc s'appauvrit et s'endette, c'est cependant la bourse des particuliers qui doit suppléer à ses besoins ; ainsi, dans tous les détails de cette loi essentielle, les personnes et les propriétés des citoyens français sont soustraites à un arbitraire qui pesait encore sur elle pendant le régime de la charte royale.

L'article 62 garantit à tous la liberté des cultes, et l'article 67 interdit même au législateur d'en établir aucun de privilégié et de dominant, tandis que les articles 5 et 6 de la charte, en permettant une égale liberté à toutes les religions, reconnaissaient cependant une religion de l'État; ils donnaient même ce nom à la croyance que le plus grand nombre des Français a abandonnée. Ils préparaient ainsi et autorisaient les petites vexations du clergé sur ceux qu'on nommait infidèles ou incrédules, parce qu'ils ne partageaient pas toutes les opinions de leurs prêtres. La nation s'est raidie contre ces prétentions intolérantes, et l'esprit qu'elle manifeste aujourd'hui à l'égard des prêtres prouve assez qu'ils avaient fait des efforts pour gêner la liberté des consciences.

Telles sont les garanties nouvelles que la constitution donne aux Français; telle est l'état de pleine sécurité où elle les place, sous la protection de tribunaux nationaux, dont les juges sont inamovibles, dont les jurys sont choisis d'entre le peuple, et dont l'abord est toujours ouvert à tout le public; sous la protection encore des représentants nationaux élus librement, et selon les formes populaires, par chaque département et par chaque arrondissement; sous la protection enfin de l'opinion publique, que chaque citoyen peut toujours librement invoquer par ses écrits.

De telles garanties n'ont jamais existé dans aucune des républiques de l'Europe moderne. Les dépositaires du pouvoir exécutif y ont presque toujours été maîtres des tribunaux; la responsabilité des ministres y était méconnue et peut-être impossible; les procédures presque toujours secrètes, la presse asservie et l'opinion publique peu consultée. C'est une erreur trop générale dans les États libres de chercher dans la liberté l'exercice d'un pouvoir et non la garantie d'un droit. Les citoyens des républiques, même les plus sages, ont beaucoup fait pour étendre leur domination et très-peu pour protéger leur sûreté. Des idées plus saines ont été introduites dans la politique par les Anglais, et leurs garanties constitutionnelles sont à peu près semblables à celles que les Français acquièrent par leurs nouvelles constitutions. Cependant, à plus d'un égard les Français peuvent encore prétendre à l'avantage. Beaucoup de mauvaises lois compromettent ou restreignent cette sûreté personnelle que l'acte d'*habeas corpus* garantit aux Anglais. La facilité et la rigueur des arrestations pour dettes fait un étrange contraste avec ce respect de la loi pour la liberté individuelle. La législation tout entière sur les pauvres, et surtout ceux qui peuvent avoir un jour besoin de l'assistance de leur paroisse, les réduit à une dépendance servile des magistrats nommés *overseers of the pors*, inspecteurs des pauvres. Tous les artisans, tous les manufacturiers, tous les laboureurs, la moitié enfin des habitants de la Grande-Bretagne, sont soumis à ce régime. Ils peuvent être déportés de paroisse en paroisse, pourchassés, forcés de retourner chez eux avec une rigueur dont nous n'avons pas d'exemple sur le continent. La presse des matelots, enfin, est une autre violence faite à la liberté individuelle, qui ne peut se comparer avec la levée des troupes de terre en France, puisqu'elle n'est ni autorisée ni réglée par la loi. La presse est, en Angleterre, un acte illégal, que les tribunaux et l'autorité civile ne reconnaissent pas, et sur lequel les gardiens de la liberté se croient obligés de fermer les yeux. C'est donc avec raison que j'ai pu annoncer que la liberté individuelle est mieux garantie en France par l'acte constitutionnel que dans aucun autre État libre du continent, mieux peut-être qu'en Angleterre. Dans un autre article, nous examinerons les droits politiques des Français, et nous aurons lieu de nous assurer encore que, sous ce second rapport, ils ne doivent non plus porter envie à aucune autre nation.

J.-CH.-L. DE SISMONDI.

MÉLANGES.

TROISIÈME ARTICLE SUR LA CONSTITUTION.

(*Moniteur* DU 6 MAI 1815, PAGES 513-514.)

La liberté ne consiste pas seulement dans la sûreté et le repos des individus, elle n'est point complète sans l'exercice et la garantie des droits politiques. C'est par eux que chaque citoyen exerce une influence sur les destinées de son pays, qu'il se sent réellement membre du corps social, qu'il s'attache à sa patrie, qu'il apprend à se dévouer pour elle et à lui consacrer toutes ses forces et toutes ses facultés. La liberté politique est la plus noble des éducations qu'on puisse donner à l'homme : elle lui inspire le sentiment de sa dignité et le besoin de la vertu; aussi serait-elle encore nécessaire à un peuple pour le rendre grand et glorieux, quand même elle ne servirait pas de garantie à la sûreté des individus.

A ceux qui répètent sans cesse : « Qu'on nous laisse tranquilles dans l'obscurité, qu'on nous laisse jouir du bonheur domestique et du repos, nous n'en demandons pas davantage! » j'ai répondu dans un précédent article que, pour assurer ce repos, l'empereur s'ôtait le droit et la possibilité d'exiler arbitrairement un citoyen, de le soumettre à un tribunal militaire, de le soustraire aux juges que la loi lui donne, et de le traduire devant la haute cour impériale, de l'échanger contre d'autres sujets avec un prince voisin, de le juger prévôtalement, de l'appeler aux armes autrement que par un acte exprès de la législature, de tourmenter sa conscience, d'arrêter la manifestation de sa pensée, de le vexer enfin, en dépit des lois, par des agents inviolables et non responsables, tandis que tous ces droits étaient réservés au roi, par la charte constitutionnelle, fort au delà de l'abus qu'il n'a jamais songé à en faire. Les ennemis du gouvernement répliquent : « Que nous importe le roi? Sommes-nous sûrs que l'empereur sera de bonne foi? Sommes-nous sûrs qu'il exécutera ses promesses? » Il faut leur montrer que l'empereur a créé, a ressuscité une puissance nationale au moins égale à toute celle que lui donnent son génie et sa gloire. Il faut bien qu'il soit de bonne foi, puisque, se livrant entre les bras du peuple, il ne s'est pas réservé de moyen d'arrêter l'exécution de ses promeses.

La plus grande force politique qui puisse entrer dans le gouvernement d'un État est celle d'une assemblée nationale, pourvu que cette assemblée soit assez nombreuse pour se dérober aux intrigues de la séduction, qu'elle soit librement élue par ceux mêmes qu'elle représente, qu'elle tienne immédiatement ses pouvoirs de la nation, sans que le gouvernement ou un corps intermédiaire, ou même le sort, viennent se placer entre le député et la fraction du peuple qui l'envoie; pourvu encore qu'elle délibère en public, afin que toute la nation s'associe à ses débats, et punisse ou récompense par son blâme ou sa louange ceux qui ont bien ou mal défendu ses intérêts; pourvu que les journaux répètent à tous les citoyens qu'elle représente les discussions où elle s'engage en leur nom, pourvu qu'un esprit de corps n'y soit pas entretenu en opposition avec l'esprit national par d'anciens membres qui enseignent aux nouveaux venus comment on s'y joue de l'autorité de ses commettants; pourvu, enfin, qu'au bout de peu d'années la nation soit appelée à juger ses représentants par une élection générale, dans laquelle elle retire leurs pouvoirs à ceux qui l'ont trahie, et confirme ceux de ses vrais défenseurs. Une nation qui a une telle assemblée, et qui lui accorde le droit de prendre l'initiative sur toutes les lois, par des propositions, sur tous les actes du gouvernement, en invoquant la responsabilité des ministres; qui lui réserve en outre, à elle seule, le droit d'accorder les impôts et les levées annuelles de soldats, une telle nation peut se vanter d'être libre, quelles que soient d'ailleurs les combinaisons de son gouvernement. Toutes les fois qu'un fort sentiment dominera dans la nation, il animera aussi l'assemblée, et il emportera tout devant lui. Les prérogatives d'un empereur ou d'un sénat, le génie et la gloire d'un héros, ou la puissance de l'armée, ne sauraient tout au plus que retarder quelque peu l'accomplissement d'un vœu vraiment national. Aucune puissance ne saurait lutter longtemps avec la nation, lorsque celle-ci a recouvré sa voix et qu'elle se fait entendre. La nation française a eu trois assemblées de suite de cette nature : la Constituante, la Législative et la Convention;

toutes trois se sont trouvées trop fortes pour le gouvernement qui devait les contenir ; il ne faut point en accuser la faiblesse de Louis XVI. Napoléon, à cette époque, aurait essayé lui-même de défendre contre elles l'ancien régime qu'il aurait succombé. La nation était si lasse des vieux abus, si dégoûtée des chaînes qu'elle avait secouées, si remuée par les délibérations de la tribune, si entraînée par le même tourbillon, par les mêmes passions qui séduisaient les assemblées délibérantes, qu'aucune force humaine n'aurait pu l'arrêter. Les députés assurés de l'approbation des provinces, enivrés des applaudissements populaires, auraient bravé les menaces ou les courtes persécutions qui leur auraient apprêté de nouveaux triomphes; si l'armée avait menacé l'assemblée ou tenté de la dissoudre, il y aurait eu des soulèvements dans toutes les provinces. Les soldats peuvent maîtriser une capitale, mais ils ne maîtrisent pas un peuple belliqueux, et aucun souverain ne peut essayer de régner dans son pays par une guerre civile continuelle. C'est parce que l'empereur marche et veut marcher dans le sens de la révolution, qu'il peut s'associer à une assemblée de telle nature ; c'est parce qu'il sait que les partisans de l'ancien régime ne seront jamais à lui, et qu'il ne peut trouver de serviteurs fidèles que parmi les amis de la liberté ; c'est parce qu'il a éprouvé toute la caducité des alliances royales, toute la déloyauté des princes sur lesquels il avait compté, et qu'il est assuré qu'il ne trouvera d'alliés en Europe pour la France et pour lui-même, que parmi les peuples libres. Il ne peut nous défendre, triompher et régner qu'en étant de bonne foi. S'il voulait, au contraire, imprimer à l'assemblée vraiment nationale qu'il rend aujourd'hui à la France, un mouvement rétrograde, quelles que soient la puissance de son caractère et la force de ses armes, une telle assemblée serait trop forte pour lui.

On a vu souvent un gouvernement chercher à corrompre une assemblée nationale, on ne l'a presque jamais vu la violenter et lui imposer silence par les armes, ou du moins, lorsque cela est arrivé, c'était toujours après que cette assemblée avait perdu sa popularité par ses propres fautes.

Le parlement d'Angleterre, qu'on regarde très-faussement, sur le continent, comme borné au pouvoir législatif, mais qui, d'après les lettres mêmes de sa convocation, est en effet le conseil suprême du roi et du royaume, pour l'exécution comme pour la création des lois, le parlement possède une force irrésistible ; jamais le roi ni ses ministres n'ont essayé de lutter contre une majorité de la chambre des communes. Guillaume III, qui avait subverti les libertés de la Hollande, ou la reine Anne, secondée par Marlborough, n'essayèrent jamais d'intimider leur parlement au moyen de ces armées victorieuses qui avaient humilié Louis XIV. Pendant cent vingt-sept ans, des rois et des ministres de caractère différent se sont succédé, dès la révolution jusqu'à ce jour, sans qu'une seule fois ils aient tenté d'administrer contre le vœu de la majorité de la chambre des communes. Il n'y en a pas un cependant qui n'eût désiré se soustraire à l'inspection et à la censure du corps puissant qui contrôlait ses volontés, les ministres ineptes, parce qu'il dévoilait leur incapacité ; les hommes de génie, parce qu'il entravait l'exécution de leurs projets ; les premiers mêmes ont toujours montré plus d'acharnement que les seconds, car la liberté leur fait peur, dans le repos comme dans l'action, tandis que les hommes de génie ne s'impatientent contre elle qu'au moment où elle les gêne ; alors, ils veulent maîtriser les institutions libérales que les ineptes veulent détruire. Mais le parlement, qu'on n'a jamais menacé, qu'on n'a jamais intimidé, on a cherché et on a réussi à le corrompre et à le vendre à la cour. C'est par une majorité antinationale que le roi règne ; c'est en son nom, c'est avec son approbation achetée que le ministère a compromis aujourd'hui la fortune entière de la nation, par ses dissipations insensées ; aussi une réforme parlementaire qui donnerait à l'Angleterre une chambre basse, telle que sera la chambre des représentants de France, causerait immédiatement une révolution.

Le tiers tout au plus des membres de la chambre des communes est composé de vrais députés nationaux ; ce sont les députés des comtés et du très-petit nombre de villes où l'élection est démocratique.

Tous les autres députés ont acheté leur élection ou la doivent à la protection de la cour ou d'une famille de la haute noblesse. Ces mêmes gens, qui ont acheté leurs places, sont disposés à vendre leurs suffrages ; le ministère emploie les revenus de la nation à corrompre les députés de la nation ; cette majorité qu'il obtient si constamment pour le seconder, même dans ses fautes, est bassement achetée par des pensions et par des places, et malgré la honte qui devrait s'attacher à une vénalité si publique, malgré le discrédit qui doit accabler des représentants qui trahissent leurs commettants, telle est encore la force d'une assemblée nombreuse qui délibère publiquement et qui entretient constamment la nation de ses intérêts, qu'il ne s'est pas encore trouvé un ministre qui ait osé commander à ces membres vénaux, au lieu de les payer, et recourir à la crainte, au lieu de la corruption, ce qui est pourtant plus économique, plus commode et plus du goût de tous les gouvernants.

En France, la cour essaya vainement de se faire, par la corruption, une majorité favorable dans les deux premières assemblées; mais elle ne put jamais se former un parti, parce que l'élection des députés n'était pas vicieuse dès son principe. Toute l'histoire de ces assemblées, toute celle de la Convention prouvent assez la nécessité de mettre des contrepoids à la puissance des peuples. Ces assemblées détruisirent la liberté par l'abus de leur pouvoir; elles détruisirent ensuite la souveraineté du peuple par le dégoût et la haine qu'on avait conçus pour leur autorité. Il serait facile de montrer dans la constitution de l'an III les causes de sa chute rapide et des violences qui avaient précédé cette chute; il serait facile de montrer comment la nation, qui voyait également ses représentants dans les Anciens et dans les Cinq-Cents, n'avait aucun motif de s'intéresser aux uns contre les autres, et restait neutre dans leurs débats; un plus grand vice encore avait anéanti le pouvoir des assemblées populaires, c'était le souvenir de la Convention et l'horreur pour ses excès, qui avaient succédé à un premier enthousiasme. Dès lors la France n'a plus eu d'assemblées nationales, car elle n'a plus nommé de députés, et ce ne peut pas être de bonne foi qu'on compare le sénat, le tribunat et le corps législatif à l'auguste et puissante représentation nationale qui lui est rendue aujourd'hui.

La constitution de l'an VIII fut donnée à la France au moment où celle-ci, loin de vouloir défendre ses droits politiques, semblait avoir peur de la liberté. Fatiguée de la révolution et des crimes du règne de la Terreur, elle voulait à tout prix rétablir l'ordre et la paix, et on la faisait frémir dès qu'on lui parlait de liberté ou des droits du peuple. Napoléon fut secondé par ce mouvement si violent de réaction ; il faut le dire, il en abusa, séduit par l'amour du pouvoir, comme la nation par l'amour du repos. La constitution de l'an VIII détruisit le gouvernement représentatif. Un corps aristocratique, composé de quatre-vingts membres inamovibles et à vie, âgés de quarante ans au moins (§ 15), se trouva substitué à tous les droits électoraux de la nation. Lui seul fut chargé de choisir parmi les listes d'éligibles, qu'il pouvait même annuler (§ 215), tous les législateurs, les tribuns, les consuls, les juges de cassation et les commissaires de la comptabilité (§ 20). La majorité de ce sénat avait été nommée par quatre membres du pouvoir exécutif (§ 24) ; il s'était ensuite complété lui-même ; il était richement doté ; toutes ses délibérations étaient secrètes, et la nation ne pouvait distinguer dans ce corps ses défenseurs d'avec ceux qui la trahissaient. N'était-il pas évident qu'un tel sénat, sous un prince faible, deviendrait une mystérieuse et jalouse aristocratie ? sous un prince fort, et tel que la même constitution le donnait pour chef à la république, qu'il deviendrait un instrument passif du pouvoir, qu'il sanctionnerait tous ses actes et prendrait sur lui tout l'odieux des mesures les plus contraires à la liberté? Parce qu'un sénat semblable a été avili, est-ce une raison pour supposer qu'une assemblée de six cent vingt-neuf députés élus librement par la nation le serait de même? Où était donc la force du sénat pour résister? Ses membres les plus courageux, condamnés à une minorité silencieuse, n'avaient aucun moyen de faire connaître leurs généreux efforts; leurs noms mêmes parvenaient à peine aux provinces; jamais leurs discours ne pouvaient y être répétés; on croyait souvent qu'ils avaient concouru aux actes oppressifs qu'ils avaient le plus repoussés; leur patriotisme était découragé, puisqu'aucune gloire ne s'y attachait, et la séduction les entourait sans cesse.

Le Tribunat et le Corps législatif n'ont pas non plus défendu les droits du peuple; mais où était leur force pour les défendre ou pour se défendre eux-mêmes? Le Tribunat, dès son origine, n'était composé que de cent membres; ce nombre restreint en faisait un comité bien plutôt qu'un conseil national. Les tribuns n'étaient pas mandataires de la nation, mais plutôt du sénat conservateur, par qui ils avaient été élus. Ils discutaient les projets de loi présentés par le gouvernement, mais ils ne pouvaient prononcer que leur adoption ou leur rejet (§ 28); aucun amendement ne leur était permis, aucune faculté de proposer au gouvernement une loi sur aucun objet, aucune possibilité de censurer aucun acte du pouvoir exécutif, d'appeler la responsabilité sur la tête des ministres ou des agents du pouvoir. Lorsque le Tribunat exprimait des vœux sur les lois faites ou à faire, sur les abus à corriger, sur les améliorations à entreprendre, ces vœux n'avaient aucune suite nécessaire et n'obligeaient aucune autorité constituée à une délibération (§ 29); les projets mêmes des lois qu'il avait approuvés pouvaient être retirés par le gouvernement (§ 26); c'était enfin un corps à qui il n'était permis de parler que sous condition qu'on ne donnât aucune suite à ses paroles. Cependant c'est quelque chose de si puissant que la parole en présence du public, que le gouvernement, qui ne voulait point alors d'opposition, se hâta d'abolir le Tribunat avant que la nation eût eu le temps de s'associer à lui.

Le Corps législatif était moins fait pour lui donner de l'inquiétude; cette assemblée muette, appelée à voter sur des lois qu'elle ne discutait pas, était étrangère à la nation qui ne l'avait pas élue, qui ne pouvait pas distinguer ses membres anonymes, ni offrir sa reconnaissance à ceux qui peut-être soutenaient encore sa liberté dans un scrutin secret. Aussi le Corps législatif n'a-t-il jamais été qu'un instrument de puissance dans les mains du gouvernement. Les trois grands corps de l'Etat n'avaient point de racines dans l'opinion populaire. Ils étaient tout par l'empereur, rien par la nation; faut-il s'étonner s'ils n'ont jamais défendu la nation, si la nation ne les a jamais défendus!

Lorsque Louis XVIII prit possession du gouvernement, il conserva ce même Corps législatif, moins encore pour ménager les personnes que dans l'espérance de trouver dans les membres élus une longue habitude d'obéissance; c'étaient des hommes choisis par un Sénat dépendant absolument de l'empereur, des hommes auxquels on reprochait les lois qu'ils avaient sanctionnées, des hommes accoutumés au silence et qu'on pouvait croire dépourvus du talent de parler. Le roi ne se contenta pas de conserver ceux qui n'avaient pas achevé le temps de leurs fonctions, il prolongea de sa seule autorité la mission des deux cinquièmes de ce corps qui auraient dû sortir de place avant 1816 (§ 76); il régla ensuite leur renouvellement de telle sorte, qu'il assurait toute la puissance de la chambre basse à l'aristocratie des riches, tandis que la chambre haute devait représenter l'aristocratie de la naissance. Il fallait payer 1,000 francs de contribution directe pour être éligible, il en fallait payer 300 pour être électeur, et la grande masse de la nation se trouvait écartée de toute part à la représentation.

Cependant nous avons vu que cette chambre, malgré les vices de son origine, malgré tous les défauts de son organisation, acquérait tous les jours de la consistance; elle circonscrivit efficacement l'ambition du ministère, qui n'a pas besoin d'avoir beaucoup de talent, beaucoup de gloire ou beaucoup de résolution pour aimer le despotisme, et qui supportait impatiemment un contrôle offensant pour les préjugés de l'ancien régime, inquiétant pour la paresse des ministres et humiliant pour leur orgueil. La chambre manqua dans quelques occasions à son devoir national, mais en général elle fut animée par des sentiments libéraux, et elle apprit de nouveau au peuple français à donner toute son attention à ses intérêts et à encourager ses défenseurs par son approbation.

L'empereur, à son retour, trouvant le pouvoir législatif dissous, devait ou réorganiser le gouvernement par les lois établies, ou prendre sur lui, provisoirement, de les modifier dans l'intérêt du peuple. La première marche aurait été plus régulière peut-être, mais combien la seconde, qu'il a adoptée, n'est-elle pas plus favorable à la liberté? Il pouvait rappeler le Sénat, qui avait été dissous d'une manière inconstitutionnelle par Louis XVIII, et lui demander un nouveau sénatus-consulte organique; il pouvait au contraire reconnaître la charte constitutionnelle qui, sans doute, était fort illégitime dans son origine, mais qui, par l'approbation tacite du peuple, était en effet devenue la loi de la nation. De même qu'il adopte le traité de Paris pour les relations extérieures de la France, il pouvait adopter cette charte pour le régime intérieur, et après avoir dissous la Chambre des députés, d'après le droit réservé au roi par l'article 50, il pouvait en convoquer une autre selon les formes mêmes que la charte avait prescrites; mais il n'a point voulu se jouer ainsi de la nation à l'ombre des lois. Sans autre mandat que l'assentiment des provinces qui l'a reporté sur le trône, et sans doute c'est un titre qu'on ne peut pas méconnaître, il a pris sur lui de renverser toutes les barrières aristocratiques que la charte avait élevées, pour empêcher la nation de prononcer pleinement son vœu. La Chambre des représentants aurait été réduite à moins de deux cent cinquante députés, il l'a portée à six cent vingt-neuf, et ceux qui connaissent les assemblées populaires savent quelle prodigieuse augmentation de force donne une augmentation de nombre.

La charte craignant l'ardeur de la jeunesse, son zèle pour les améliorations, les réformes et la liberté, ne permettait point qu'on fût député avant quarante ans; l'empereur a voulu qu'on pût l'être dès vingt-cinq ans.

Pour être éligible, d'après la charte, il fallait payer 1,000 francs d'imposition foncière, ce qui réduisait à quatre ou cinq mille propriétaires le nombre de ceux entre lesquels la nation était forcée de choisir ses représentants. L'empereur y a appelé tous les Français indistinctement, et ne leur a demandé d'autre garantie que la confiance de leurs commettants.

La charte avait exclu provisoirement des colléges électoraux tous ceux qui ne payaient pas 300 francs d'imposition, et ne les avait pas remplacés; le roi en avait exclu encore tous les surnuméraires décorés de la Légion d'honneur; en sorte qu'à peine douze mille citoyens, dans toute la France, auraient eu le droit de concourir à l'élection des députés nationaux. L'empereur, au contraire, en donnant une élection directe, non-seulement aux colléges de département, mais à ceux d'arrondissement, et en y rappelant tous les membres exclus par le roi, fait concourir environ vingt-six mille membres de colléges de département et soixante-douze mille membres de colléges d'arrondissement, à l'élection immédiate des députés de la nation. Ce seront près de cent mille électeurs qui auront contribué efficacement et avec connaissance de cause, à la nomination non point d'éligibles, mais des députés mêmes qu'il leur aura plu de désigner, et les vides dans les rangs de ces cent mille électeurs seront désormais remplis d'une manière vraiment nationale par les assemblées de canton.

Enfin, par la charte royale, les présidents des colléges

étaient nommés par le roi, et de droit membres du collége; ainsi qu'en Angleterre, le shériff, président de l'assemblée électorale du comté, est aussi nommé par le roi. L'empereur a voulu que cette présidence fût donnée d'une manière inamovible à un pair héréditaire, qui ne dépendra plus de lui, après cette première élection, et il a voulu de plus que ces nominations de présidents ne se fissent qu'en 1816 (§ 29); de sorte que l'élection actuelle, la plus importante de tous, se fait sans aucune influence même indirecte de la couronne.

L'empereur est donc de bonne foi dans l'intention de rendre la liberté à la France, puisqu'il a appelé la nation à créer d'une manière vraiment populaire le pouvoir national le plus fort, le plus inébranlable, que des combinaisons politiques puissent offrir, un pouvoir qui a ses bases dans toute la France, qui tient par une représentation immédiate à cent mille citoyens, lesquels eux-mêmes sont et seront élus librement par toute la nation. Il est de bonne foi, car il ne s'est laissé aucun moyen de revenir en arrière, s'il ne l'était pas. Il a dû compter que le premier sentiment d'une nation généreuse était la défense de son honneur et de son indépendance; que, quelle que fût la divergence des opinions sur la plus juste mesure de la liberté, ou la plus vraie balance des pouvoirs, chaque Français concourrait de toutes ses forces à empêcher l'étranger de dicter des lois à la France, d'y étouffer tout esprit de liberté, d'y abolir jusqu'à cette charge royale même, incompatible avec la théorie d'une légitimité qui vient de Dieu et non du peuple.

Dans cette confiance, Napoléon s'est jeté entièrement

dans les bras de la nation; il a voulu qu'elle parût forte, indépendante, puissante contre lui-même; car c'est la nation qui paraîtra dans l'assemblée de ses représentants. Mais c'était aussi son devoir envers cette nation qui lui accordait sa confiance, de lui rendre la vraie liberté, et non l'effroi du jacobinisme ; de faire reconnaître la volonté souveraine du peuple, et non la volonté souveraine des factions; de le préserver, non pas seulement du despotisme militaire, mais de la tyrannie qui se trouve partout où il n'y a point d'équilibre : c'était son devoir de préparer, avec les garanties pour la liberté, les moyens de résistance contre une fougue révolutionnaire. C'est donc dans l'intérêt du peuple lui-même qu'il a institué d'autres droits que ceux du peuple. Leur nature, leurs limites et les objections qu'on y a faites, seront l'objet d'un nouvel article, où j'examinerai les moyens d'*équilibre* et d'*harmonie* de la constitution.

J.-CH.-L. DE SISMONDI.

MÉLANGES.

DE L'ÉQUILIBRE ET DE L'HARMONIE ENTRE LES POUVOIRS DANS LA CONSTITUTION.

(*Moniteur* DU 8 MAI 1815, PAGES 521-522.)

Les publicistes qui se sont uniquement occupés de théorie, ont souvent rappelé la nécessité de maintenir dans une constitution l'équilibre entre les pouvoirs, et en effet, sans équilibre il n'y a point de liberté; mais ils n'ont pas assez insisté sur la nécessité de l'harmonie, et, sans harmonie, il n'y a point d'action. Il ne suffit pas que chacune des autorités constituées puisse se défendre elle-même ou attaquer sa rivale, pour nous préserver également de la tyrannie de la populace et de celle d'un despote; il faut encore que ces pouvoirs tendent vers un même but, que leurs mouvements se combinent avec aisance, que leurs intérêts ne les rendent point ennemis, et lorsque cependant une opposition décidée a éclaté entre eux, il faut qu'il y ait des moyens faciles et légitimes de calmer leur animosité, d'écarter toutes les passions personnelles, et, si la querelle se prolonge, d'en renvoyer la décision à un vœu national, réfléchi, sans appel. A considérer la distribution des forces, dans quelques-unes des constitutions modernes, et particulièrement dans celle de l'an III, et dans celle que les cortès avaient donnée à l'Espagne, on dirait que ce sont des chevaux attachés à un corps politique non point pour le porter en avant, mais pour l'écarteler.

L'on est convenu d'appeler *principe*, en théorie politique, la division métaphysique des pouvoirs exécutif et législatif, dont l'un est attribué au gouvernement, l'autre au peuple. Quelques-uns, pour maintenir mieux cette division, ont semblé prendre à tâche de rendre tout accord entre ces deux pouvoirs impossible. Ce principe cependant est complétement faux. Il n'y a point de liberté pour le peuple, s'il n'a pas une influence, et même une très-grande influence sur l'exécution des lois, car c'est justement la partie de l'exercice de la souveraineté qui comprend le plus les intérêts de tous les individus; il n'y a, d'autre part, aucune possibilité pour un gouvernement de suivre un système régulier, de faire accorder les lois avec les besoins de l'administration, de prévenir les dangers, de corriger les abus que son expérience lui fait remarquer chaque jour, s'il n'a pas une très-grande part à la confection des lois et très-particulièrement à leur proposition.

Ni la constitution britannique, ni la constitution française ne pèchent par cette erreur. Toutes deux assurent des sauvegardes au pouvoir monarchique et au pouvoir national, elles rendent ces deux pouvoirs réciproquement nécessaires l'un à l'autre, elles les forcent à se ménager et à s'entre-aider ; mais au lieu de tracer une ligne métaphysique entre la législation et l'exécution, elles font concourir ces deux eléments à la formation des deux puissances nationales.

J'ai dit : *des deux puissances nationales*, et cependant, dans l'une comme dans l'autre constitution, il s'en présente trois ; il se présente au moins trois grandes volontés qui concourent pour exécuter, pour contrôler l'exécution et pour la juger. Il n'y a cependant proprement dans l'Etat que le gouvernement et le peuple ; la naissance du corps intermédiaire, premier moyen d'équilibre, est aussi la première chose à examiner.

Dans un état anciennement constitué, je n'hésiterais point à dire que la puissance nationale, qui doit balancer celle du gouvernement, se compose elle-même de deux forces différentes : l'une aristocratique et l'autre, démocratique ; l'une, représentant les temps passés, les institutions garanties par de longs souvenirs, les préjugés mêmes de la nation, l'ordre établi enfin ; l'autre, représentant l'esprit d'innovation du siècle, le mécontentement de ceux qui souffrent, et leur désir de changement. Le peuple, sans doute, est souverain, et, sous aucun gouvernement, aucune constitution ne l'a jamais déclaré aussi solennellement que le fait aujourd'hui celle de la France ; mais il n'y a qu'un insensé qui, en raison de cette souveraineté, compterait les suffrages dans un grand peuple, au lieu de les peser, et donnerait à la majorité absolue le droit de décider du sort de la minorité. Aucun contrat n'a jamais obligé les hommes réunis en corps politique, à soumettre leur destinée au hasard d'une majorité de suffrages. Je dis : *au hasard*, car sur cent questions de législation qui seraient proposées à la masse du peuple, il y en a quatre-vingt-dix-neuf qu'il ne pourrait pas entendre, et sur lesquelles il ne donnerait son suffrage qu'au hasard ; il y en a une centième qu'il entend fort bien, celle de la propriété ; et, quant à celle-là, la masse sacrifierait sans hésiter son intérêt distant qui est attaché au maintien de la propriété, parce qu'elle anime l'industrie et l'activité nationale, à l'intérêt plus prochain du partage de tous les biens. La prudence, la justice, l'intérêt du plus grand nombre exigent donc également qu'en consultant la voix nationale, on cherche cette voix dans les sentiments vrais, profonds, réfléchis et désintéressés de toutes les classes de citoyens, qu'on garantisse l'existence de chacune de ces classes, qu'on écoute ceux qui pensent et sentent avant ceux qui ne font que sentir, et ceux-ci encore, avant ceux qui ne font que répéter les mots qui leur ont été enseignés par d'autres; qu'on tienne compte de l'expérience, et qu'on cherche dans la durée passée une garantie de la durée à venir. Il y a beaucoup plus de souffrance à perdre ce qu'on a, que de jouissance à gagner ce qu'on n'a pas; aussi, non-seulement la subversion des propriétés est une grande injustice, elle est encore une grande diminution de la masse du bonheur national.

La classe aristocratique d'une nation jouit de deux propriétés héréditaires : l'une, qui peut s'aliéner, c'est la richesse; l'autre, qui est inaliénable, c'est l'illustration. Plus un peuple est libre, et plus il doit attacher de prix aux souvenirs nationaux ; les noms de ses familles illustres sont rangés parmi les monuments de sa gloire passée, et ils lui sont chers à ce titre. La nation française n'est point étrangère à ce sentiment, et elle a trop acquis de gloire dans les vingt-cinq dernières années, pour être jalouse de la gloire des siècles passés.

Ces deux propriétés du nom et de la richesse étant héréditaires, doivent être représentées par un corps qui soit héréditaire aussi. L'intérêt particulier de ce corps, en défendant l'ordre établi, n'est pas l'intérêt de toute la nation; mais il est tel cependant, qu'il doit toujours être consulté; il s'allie à tous les autres intérêts héréditaires, et il est garant de toute espèce de durée. Le roi, qui était assuré du dévouement de la plus grande partie du corps aristocratique, ne devait donc pas hésiter à rendre la chambre des pairs héréditaire. Il ne l'a pas fait cependant, et c'était par des motifs peu libéraux (§ 27) : « La nomination des pairs de France appartient au roi; leur nombre est illimité; il peut en varier les dignités, les nommer à vie, ou les rendre héréditaires, selon sa volonté. » Il voulut ainsi se conserver les moyens d'influer jusqu'à la fin sur leurs délibérations, les contenir sous l'influence ministérielle, et exciter sans cesse leur ambition. L'empereur, au contraire, a voulu (§§ 3 et 4) que la pairie fût héréditaire, irrévocable, et aussi indépendante de lui que possible. Le pouvait-il aussi bien que le roi? L'expérience seule pourra dissiper mes doutes à cet égard. Il y a un rapport nécessaire d'intérêts entre une aristocratie héréditaire et une couronne héréditaire; mais l'aristocratie française est trop ennemie de la révolution qui l'a dépouillée, pour qu'elle puisse devenir un des soutiens de la constitution. Elle n'a point un esprit de noblesse, mais un esprit de cour; elle n'est point attachée à la patrie, mais à une dynastie; elle ne songe point à ses prérogatives et à son indépendance comme corps politique, mais seulement à ses avantages pécuniaires, ou aux distinctions qui rabaissaient les autres ordres. Il est également dangereux de laisser l'aristocratie en dehors du gouvernement, ou de l'y associer lorsqu'elle est en secret ennemie. L'aristocratie nouvelle qui s'est formée pendant la révolution est présentée par quelques personnes comme ayant dépouillé l'ancienne noblesse, pour se mettre à sa place. C'est pour éviter ce rapprochement, que je croyais essentiel de changer de système, de substituer désormais l'aristocratie élective à l'aristocratie héréditaire, de remplacer l'esprit de famille par l'esprit de corps, de donner aux pairs le droit de remplacer, par leurs libres suffrages, le collègue qu'ils auraient perdu, de se recruter ainsi par des hommes de talent, et de n'admettre dans leurs rangs que celui qui leur apporterait une force réelle; mais cela sans préjudice du droit illimité de créer des pairs nouveaux que j'aurais voulu laisser à l'empereur. Au reste, de quelque manière que l'on combine l'élection, qu'on la partage, si l'on veut, entre la chambre elle-même des pairs, l'empereur et les représentants nationaux, l'intérêt du peuple, se partageant entre les deux assemblées, ne s'attacherait à aucune, et l'on éprouverait de nouveau ce que l'on éprouva pendant toute la durée de la constitution de l'an III, c'est que tous les pouvoirs étant de même origine, deux d'entre eux avaient toujours le droit, même aux yeux de la nation, d'écraser le troisième.

Mais, quelles que soient mes objections à la pairie constitutionnelle, je crains plus de la trouver trop faible que trop forte. Je ne sais avec quels événements l'empereur pourra lui assurer la consistance qui lui est nécessaire, pour qu'elle oppose une digue à la fougue populaire, toutes les fois que celle-ci tentera de renverser la constitution. Une assemblée non moins puissante que celles qui commencèrent la révolution, est donnée à la France : si des démagogues voulaient en abuser, pour élever dans cette assemblée même une tyrannie semblable à celle qui est encore présente à notre mémoire, c'est à la chambre des pairs à leur résister, c'est à elle de sauver l'Etat de convulsions non moins fatales pour la liberté que le despotisme militaire, et la constitution ne lui donne pas pour cela des moyens bien puissants. Les pairs forment une haute cour nationale pour juger les ministres responsables, et les membres mêmes de leur ordre (art. 40 et 16). C'est une garantie de l'impartialité de ces jugements, tout comme le jury dans les cas ordinaires, plutôt qu'une prérogative de l'ordre; d'ailleurs, elle ne sera déterminée que par la loi qui doit (§ 16) en régler les formes. La chambre des pairs concourt à la formation de la loi, comme la chambre des représentants, excepté lorsqu'il s'agit d'impôt, d'emprunt ou de levée d'hommes; mais, quoique ses droits soient déclarés égaux, elle n'a point le même crédit auprès du peuple; elle n'a point la même confiance en elle-même, parce qu'elle ne sent point derrière elle des commettants. Son seul lien avec la nation est l'article 29, qui met tous les colléges électoraux sous la présidence à vie d'un pair inamovible, et ce lien, si heureusement imaginé entre la nation et les grands dignitaires, a excité la plus violente jalousie, comme si un pair, au milieu de trois cents électeurs réellement assemblés, avait quelque moyen de maîtriser les suffrages; comme si le shériff, officier nommé par le roi, et révocable à volonté, gouvernait les élections du comté qu'il préside en Angleterre. La défiance contre la chambre des pairs tient évidemment au souvenir qu'on a conservé du sénat. Mais le sénat de la constitution de l'an VIII pouvait porter seul, et sans le concours d'aucun pouvoir national, des statuts organiques ; il pouvait changer la constitution ; il pouvait s'emparer, et il s'emparait, en effet, de toute l'autorité législative. La chambre des pairs, au contraire, n'est rien par elle-même, elle ne peut rien sans le concours des députés et de l'empereur. Tous ses droits se bornent à une négative ; et en refusant de sanctionner une loi nouvelle, on ne fait tout au plus que conserver ce qui existe, on ne détruit donc pas la liberté.

Le droit du citoyen est de n'obéir qu'en vertu de la loi ; c'est donc celui qui commande qui a besoin de la loi pour exercer son action ; c'est celui qui commande qui a besoin d'une loi nouvelle pour lever de l'argent, pour lever des hommes, pour maintenir la paix publique, pour punir les crimes, pour punir les écrits séditieux, pour forcer tous les citoyens à prêter main-forte à l'autorité, pour lever une contradiction qui entrave le pouvoir judiciaire, pour réprimer un désordre nouveau, une fraude non encore pratiquée, pour corriger un abus qui énerve le gouvernement, pour suivre enfin le progrès continuel du temps et le changement des mœurs. Le gouvernement seul sent le besoin continuel de la législation et la manière dont ce besoin doit être satisfait ; seul il connaît les détails de l'abus, la manière dont les sanctions précédentes ont été violées et le point où il faut placer la barrière. L'initiative habituelle en législation est donc nécessairement le rôle du gouvernement, et si l'on prend l'exemple de l'Angleterre, l'on trouvera difficilement un bill dans chaque session qui ait été adopté et qui ne soit pas parti du banc du ministère.

Mais tous les abus ne se sont pas introduits au préjudice du gouvernement, il y en a dont il profite au lieu de les craindre; il y a des obscurités dans les anciennes lois qui, au lieu de lier les mains à l'autorité, ouvrent un plus vaste champ à ses caprices arbitraires; il y a des méfaits qu'elle ne songera jamais à réprimer, il y a d'anciens pouvoirs qu'elle ne songera jamais à circonscrire. Il faut donc qu'on puisse aussi élever la voix dans l'intérêt du peuple, et que les représentants nationaux puissent proposer à la puissance souveraine les améliorations que le gouvernement ne lui propose pas. Si l'initiative doit être habituellement exercée par le gouvernement, il faut qu'il en partage le droit avec le peuple, et que celui-ci ait toujours moyen d'entamer, par ses députés, la discussion des plaintes publiques.

Dans le parlement britannique, les ministres proposent presque toute les lois, mais c'est toujours comme membres du parlement et non comme ministres. Cette forme de délibération réunit les plus grands avantages; ils ne parlent qu'en leur nom propre et non comme membres du gouvernement; l'autorité royale n'est nullement compromise; ce n'est point avec elle que luttent les membres de l'opposition, mais seulement avec l'honorable membre qui vient de parler et qu'ils évitent même de désigner jamais par son nom. Quoique le débat soit souvent, au fond, une lutte entre l'autorité et le peuple, il paraît n'être qu'une discussion entre deux collègues. Sans doute, il aurait été à désirer que la même tactique parlementaire pût être introduite dans les deux chambres de la représentation nationale en France, mais elle est fondée en Angleterre sur des abus qui n'existent pas en France. Le gouvernement ne peut point aller, si chaque ministre n'est pas présent, dans l'une ou l'autre assemblée législative, pour faire la proposition dont son département a besoin, ou pour repousser ou amender celle qui est faite contre lui. La couronne dispose, en Angleterre, par corruption, d'une si grande quantité de places au parlement, qu'elle est toujours sûre de faire entrer dans la chambre des communes tout ministre qui n'est pas pair. En France, toutes les élections sont libres, et il se peut que la plupart des ministres ne soient point élus députés. Il a donc fallu assurer au gouvernement la proposition de la loi (§ 23) de même qu'elle lui était réservée par l'article 16 de la Charte royale. Il a fallu lui assurer encore le droit d'envoyer des ministres et des conseillers d'État dans les deux chambres (§§ 18 et 19) pour donner les éclaircissements nécessaires et prendre part aux discussions, de même que la Charte le portait (§ 54). Tout cela n'équivaut point cependant à la prérogative dont jouit le gouvernement britannique, d'assurer à tous ses ministres un siége dans la chambre. On s'est plaint de l'article 46, qui porte : « Dans tout autre cas (que celui de la responsabilité), « les ministres ayant département ne peuvent être appe« lés ni mandés par les chambres. » On oublie que les trois premières assemblées ont souvent prodigué gratuitement aux ministres l'insulte de les mander à la barre ; une réputation qui appartient au public ne doit pas être compromise plus légèrement qu'une réputation privée ; y a-t-il besoin d'ailleurs de ces formes impératives? Les ministres ne se feront-ils pas d'eux-mêmes la loi de se trouver présents à des débats où ils auront à défendre et à faire prévaloir leur ouvrage? Et la chambre en votant contre eux, s'ils s'absentent, ne leur fera-t-elle pas un devoir de la régularité?

Mais si le gouvernement a l'initiative habituelle, les deux chambres ont de leur côté une initiative complète d'exception. Le droit d'amendement leur est réservé en entier (§ 23), tandis qu'il était limité par l'article 46 de la Charte royale; la loi cependant que les chambres ont amendée, qu'elles ont peut-être entièrement changée, est bien à elles et non plus au ministère. De plus, les chambres ont (§ 24) « la faculté d'inviter le gouvernement à « proposer une loi sur un objet déterminé, et de rédiger « ce qu'il leur paraît convenable d'insérer dans cette loi. « Cette demande peut être faite par chacune des deux « chambres » (§ 23). « Lorsqu'une rédaction est adoptée « dans l'une des deux chambres, elle est portée à l'autre ; « et, si elle est approuvée, elle est portée à l'Empereur. » Je le demande, qu'est-ce qui manque ici pour que l'initiative soit complète? Pour qu'un projet de loi soit converti en loi, il faut incontestablement, en Angleterre, en Amérique, en France, partout, qu'il obtienne la sanction de toutes les branches de la législature, celle surtout du gouvernement, qui doit la faire exécuter. Lorsque le projet sera proposé par le gouvernement, l'approbation impériale aura précédé les deux autres; lorsqu'il sera proposé par l'une ou l'autre chambre, cette approbation viendra la dernière, précisément comme pour les bills proposés au roi en Angleterre, seulement la Constitution a donné ainsi des formes plus douces au *veto* de l'Empereur, si jamais il était appelé à en faire usage.

De même que le gouvernement concourt à la législation, les députés nationaux concourent à l'exécution. Toutes les impositions directes ne peuvent être votées que pour une année (§ 34). Le ministère est donc obligé d'exposer chaque année ses projets aux deux chambres, pour en obtenir les moyens et les exécuter; il leur doit également soumettre, chaque année (§ 37), le budget général de l'État contenant l'aperçu des recettes et la proportion des fonds assignés, pour l'année, à chaque département du ministère; en sorte qu'à leur occasion, les chambres sont appelées à délibérer par avance sur les projets du gouvernement; il leur soumet aussi le compte des recettes et dépenses de l'année ou des années précédentes; et, à leur occasion, tous les détails de l'administration passent une seconde fois en revue après les événements. Les chambres sont encore nécessairement appelées aux questions de guerre, puisque aucune levée d'hommes ne peut se faire sans leur vote annuel; aux questions de la paix, puisque aucune aliénation ou échange de territoire ne peut être faite que par une loi; enfin, elles ont droit d'accuser et de punir tout acte d'un ministre, d'un commandant d'armée de terre ou de mer, qui peut compromettre l'honneur ou la sûreté de la nation (§ 41), en sorte qu'il n'y a pas un seul acte extérieur ou intérieur du *pouvoir exécutif* qui puisse se dérober à leur contrôle. Au contraire, dans la Charte royale, les articles 13 et 14 réservaient exclusivement le pouvoir exécutif au roi, et ils l'avaient soustrait à toute inspection des deux chambres, excepté dans les cas de trahison ou de concussion d'un ministre.

Et lorsqu'une puissance si entière, si souveraine est assurée aux députés de la nation, quelques critiques se montrent encore jaloux des sauve-gardes réservées à l'autorité impériale! J'en ai vu se plaindre des six articles (43-49) qui règlent la manière dont l'accusation contre un ministre doit être prononcée, comme étant trop lente ou trop protectrice des prévenus. Il s'agit cependant d'un cas où les passions populaires sont facilement excitées, où des juges nombreux, peut-être partiaux, décident à la pluralité simple et sans récusation, sur les accusations les plus graves, où ils exercent un pouvoir discrétionnaire, soit pour caractériser le délit, soit pour infliger la peine. Ces deux commissions de soixante membres tirés au sort, ces deux délais de dix jours chacun, accordés pour calmer une première effervescence de passion, n'équivalent pas, il s'en faut bien, aux précautions que la loi commune prend, dans un jury ordinaire, pour la sûreté du moindre prévenu. Faut-il donc que l'honneur et la sûreté d'un serviteur de l'État soient d'autant plus faciles à ruiner qu'un plus grand mal public s'ensuivra de sa souffrance privée? Et n'avons-nous point vu d'exemples, dans la révolution, de responsabilité follement invoquée et de ministres fidèles traînés injustement à l'échafaud? Regarderons-nous comme une conquête pour la liberté de rendre les punitions plus faciles et le danger plus menaçant?

D'après la Charte, le président de la Chambre des députés était nommé par le roi, sur une liste de cinq membres présentés par la chambre (§ 43). Cette nomination est rendue à la chambre (§ 9); seulement elle est soumise à l'approbation de l'Empereur, comme celle de l'orateur de chambre des communes en Angleterre; et cette pure formalité, que la décence seule exigerait, est encore un objet de critique. Le président, chargé de maintenir l'ordre dans les délibérations, n'a aucun pouvoir constitutionnel; son influence est nécessairement bornée par la confiance que la chambre lui accorde et par les règlements qu'elle peut faire. Cependant, le président est habituellement l'organe de la chambre pour communiquer avec le gouvernement; une prévention personnelle contre lui, qu'elle soit fondée ou non, peut mêler de l'aigreur et de la défiance à tous les rapports qu'ont entre eux les deux premiers pouvoirs de l'État, et c'est un moyen d'harmonie qui n'est pas à négliger que le droit accordé au gouvernement d'écarter un homme décidément désagréable.

Mais enfin, malgré le besoin essentiel que la chambre sent du gouvernement et que le gouvernement sent de la chambre; malgré cette coopération toujours adroitement ménagée et dans la législation et dans l'exécution des lois, la discorde peut éclater entre les deux pouvoirs, leur querelle peut s'aigrir et le ministère peut se trouver arrêté par une opposition constante. Faudra-t-il alors que les ennemis restent en présence jusqu'à ce que leur irritation croissante entraîne l'État dans une guerre civile? Non! c'est le moment de consulter le vœu de la nation, de dissoudre la chambre et de tenter si, dans une nouvelle élection, les colléges électoraux embrasseront le parti du gouvernement ou celui de leurs députés. Si le même parti domine encore après l'élection générale, le gouvernement ne peut plus éviter de céder; si le parti contraire a pris le dessus, il est évident que les députés précédents n'exprimaient pas le vrai vœu de la nation. La dissolution de la chambre est donc un appel à la nation souveraine, un appel où elle doit prononcer entre son représentant héréditaire et ses représentants électifs. Loin d'être une prérogative de la couronne, c'est un des plus beaux priviléges du peuple.

Par la Charte royale, § 50, le roi, après une dissolution, devait convoquer une nouvelle assemblée dans le délai de trois mois; par l'article 21 de l'acte additionnel, six mois sont accordés à l'Empereur; aucun terme n'est fixé au roi d'Angleterre. Lorsqu'on songe qu'il s'agit de préparer une décision en dernier ressort; lorsqu'on connaît l'impétuosité française et en même temps la lenteur avec laquelle les lumières de la capitale se répandent dans les provinces, on ne trouvera pas le terme de six mois trop long pour calmer la première fougue des passions et laisser à toutes les opinions le temps de se faire entendre, surtout lorsqu'on réfléchit qu'on ne gagne point, qu'on ne corrompt point cent mille électeurs comme on gagnerait peut-être un conseil secret; en sorte que le temps mis à profit pour la réflexion est perdu pour l'intrigue.

Les impositions existantes sont prolongées de six mois par une dissolution de la chambre; et sans cette disposition de la loi, une dissolution aurait été impossible. Mais, au bout de ce terme, avec lequel tous les impôts directs finissent, et peut-être plusieurs impôts indirects, le gouvernement est forcé, par les besoins mêmes des finances, à rassembler de nouveau les députés de la nation. Si, au lieu de le faire, il voulait alors continuer à percevoir des impôts devenus illégaux, chaque citoyen pourrait résister à main armée à une injuste violence, de manière à faire porter sa cause devant des tribunaux, devant des juges nationaux. C'est dans ce cas que l'ordre judiciaire devient à son tour le garant de la liberté politique et que chaque citoyen sent l'avantage d'être toujours jugé par des pairs. Le moyen de redressement est toujours légal; la constitution trouve en elle-même sa propre défense; elle ne peut être renversée que par la force et la guerre civile; mais aucune constitution n'a pourvu d'avance aux conséquences d'une guerre civile.

De même qu'une dissolution de la chambre des députés est nécessaire pour terminer une lutte entre le gouvernement et la représentation nationale, une création illimitée de nouveaux pairs doit être possible pour terminer la lutte entre la chambre des pairs et les autres parties du gouvernement. Ce droit a été réservé au roi par l'article 27 de la Charte et à l'Empereur par l'article 4. Le roi d'Angleterre en est aussi en possession et tous les publicistes anglais en ont reconnu la nécessité. S'il n'existait pas, et s'il se formait dans une aristocratie obstinée, qui n'a rien à espérer et rien à craindre, une majorité qui refuserait son assentiment à toute proposition des députés ou du gouvernement, jusqu'à ce qu'on lui accordât la prérogative qu'elle demanderait, il n'y aurait d'autres moyens que de lever, comme en Pologne, l'opposition de ces pairs à coups de sabre. L'intérêt du monarque de ne point multiplier les pairs sans nécessité, de ne point affaiblir leur ordre et de ne point diminuer le prix de la récompense dont il dispose, est si évident, qu'on peut, sans inquiétude, lui abandonner cette prérogative, qui est limitée par son propre avantage. En effet, nous voyons que, pendant toute la durée de la constitution anglaise, il n'y a qu'un seul exemple, sous le règne de la reine Anne, d'un ministère qui voulut s'assurer la majorité de la chambre haute, en y introduisant douze pairs nouveaux tout à la fois.

C'est par ces moyens divers, c'est en profitant de l'expérience de tous les autres peuples que la constitution française a été rendue digne d'une nation libre et éclairée. Elle a entouré des plus fortes garanties la liberté des individus; elle a créé la plus auguste représentation nationale dont jouisse aucune nation; elle a balancé les pouvoirs de manière à adoucir tous les chocs et à faire cesser promptement toutes les luttes; enfin, elle jouira d'un dernier avantage, celui d'être mise en action par un homme assez grand pour comprendre quel est le vœu et le besoin des Français; quel est l'esprit de son siècle; quelle est la nouvelle gloire qui lui est réservée, après avoir essayé de toutes les autres; quelle est enfin la marche ferme et mesurée qui fait respecter au dehors l'honneur de la nation, et qui maintient au dedans les droits de tous ses citoyens.

J.-CH.-L. DE SISMONDI.

Paris. — Imp. de PILLET fils aîné, 5, rue des Grands-Augustins.

ACTE ADDITIONNEL

AUX

CONSTITUTIONS DE L'EMPIRE

Au Palais de l'Élysée, le 22 avril 1815.

Napoléon, par la grâce de Dieu et les constitutions, Empereur des Français, à tous présents et à venir, salut.

Depuis que nous avons été appelés, il y a quinze années, par le vœu de la France, au gouvernement de l'Etat, nous avons cherché à perfectionner, à diverses époques, les formes constitutionnelles, suivant les besoins et les désirs de la nation, et en profitant des leçons de l'expérience. Les constitutions de l'Empire se sont ainsi formées d'une série d'actes qui ont été revêtus de l'acceptation du peuple. Nous avions alors pour but d'organiser un grand système fédératif européen, que nous avions adopté comme conforme à l'esprit du siècle, et favorable au progrès de la civilisation. Pour parvenir à le compléter et à lui donner toute l'étendue et toute la stabilité dont il était susceptible, nous avions ajourné l'établissement de plusieurs institutions intérieures, plus spécialement destinées à protéger la liberté des citoyens. Notre but n'est plus désormais que d'accroître la prospérité de la France par l'af-

fermissement de la liberté publique. De là résulte la nécessité de plusieurs modifications importantes dans les constitutions, sénatus-consultes et autres actes qui régissent cet Empire. A ces causes, voulant, d'un côté, conserver du passé ce qu'il y a de bon et de salutaire, et, de l'autre, rendre les constitutions de notre Empire conformes en tout aux vœux et aux besoins nationaux, ainsi qu'à l'état de paix que nous désirons maintenir avec l'Europe, nous avons résolu de proposer au peuple une suite de dispositions tendant à modifier et perfectionner ses actes constitutionnels, à entourer les droits des citoyens de toutes leurs garanties, à donner au système représentatif toute son extension, à investir les corps intermédiaires de la considération et du pouvoir désirables; en un mot, à combiner le plus haut point de liberté politique et de sûreté individuelle avec la force et la centralisation nécessaires pour faire respecter par l'étranger l'indépendance du peuple français et la dignité de notre couronne. En conséquence, les articles suivants, formant un acte supplémentaire aux constitutions de l'Empire, seront soumis à l'acceptation libre et solennelle de tous les citoyens, dans toute l'étendue de la France.

TITRE PREMIER.

DISPOSITIONS GÉNÉRALES.

ARTICLE 1er. — Les constitutions de l'Empire, nommément l'acte constitutionnel du 22 frimaire an VIII, les sénatus-consultes des 14 et 16 thermidor an X, et celui du 28 floréal an XII, seront modifiés par les dispositions qui suivent. Toutes leurs autres dispositions sont confirmées et maintenues.

2. — Le pouvoir législatif est exercé par l'Empereur et par deux Chambres.

3. — La première Chambre, nommée Chambre des Pairs, est héréditaire.

4. — L'Empereur en nomme les Membres, qui sont irrévocables, eux et leurs descendants mâles, d'aîné en aîné en ligne directe. Le nombre des Pairs est illimité. L'adoption ne transmet point la dignité de Pair à celui qui en est l'objet. Les Pairs prennent séance à vingt-et-un ans, mais n'ont voix délibérative qu'à vingt-cinq.

5. — La Chambre des Pairs est présidée par l'archichancelier de l'Empire, ou, dans le cas prévu par l'art. 51 du sénatus-consulte du 28 floréal an XII, par un des membres de cette chambre désigné spécialement par l'Empereur.

6. — Les Membres de la famille impériale, dans l'ordre de l'hérédité, sont Pairs de droit. Il siégent après le président. Ils prennent séance à dix-huit ans, mais n'ont voix délibérative qu'à vingt-et-un ans.

7. — La seconde Chambre, nommée Chambre des Représentants, est élue par le Peuple.

8. — Les Membres de cette Chambre sont au nombre de six cent vingt-neuf. Ils doivent être âgés de vingt-cinq ans au moins.

9. — Le Président de la Chambre des Représentants est nommé par la Chambre, à l'ouverture de la première session. Il reste en fonctions jusqu'au renouvellement de la

chambre. Sa nomination est soumise à l'approbation de l'Empereur.

10. — La Chambre des Représentants vérifie les pouvoirs de ses Membres, et prononce sur la validité des élections contestées.

11. — Les Membres de la Chambre des Représentants reçoivent pour frais de voyage, et durant la session, l'indemnité décrétée par l'assemblée constituante.

12. — Ils sont indéfiniment rééligibles.

13. — La Chambre des Représentants est renouvelée de droit en entier tous les cinq ans.

14. — Aucun membre de l'une ou de l'autre Chambre ne peut être arrêté, sauf le cas du flagrant délit, ni poursuivi en matière criminelle et correctionnelle, pendant les sessions, qu'en vertu d'une résolution de la chambre dont il fait partie.

15. — Aucun ne peut être arrêté ni détenu pour dettes, à partir de la convocation, ni quarante jours après la session.

16. — Les Pairs sont jugés par leur Chambre, en matière criminelle et correctionnelle, dans les formes qui seront réglées par la loi.

17. — La qualité de Pair et de Représentant est compatible avec toute fonction publique, hors celle de comptable.

Toutefois, les Préfets et sous-Préfets ne sont pas éligibles par le collége électoral du département ou de l'arrondissement qu'ils administrent.

18. — L'Empereur envoie dans les Chambres des Ministres d'Etat et des Conseillers d'État, qui y siégent et

prennent part aux discussions, mais qui n'ont voix délibérative que dans le cas où ils sont membres de la Chambre comme Pairs ou élus du peuple.

19. — Les Ministres qui sont Membres de la Chambre des pairs ou de celle des représentants, ou qui siégent par mission du Gouvernement, donnent aux Chambres les éclaircissements qui sont jugés nécessaires, quand leur publicité ne compromet pas l'intérêt de l'État.

20. — Les séances des deux Chambres sont publiques. Elles peuvent néanmoins se former en comité secret, la Chambre des Pairs sur la demande de dix Membres, celle des Représentants sur la demande de vingt-cinq. Le Gouvernement peut également requérir des comités secrets pour des communications à faire. Dans tous les cas, les délibérations et les votes ne peuvent avoir lieu qu'en séance publique.

21. — L'Empereur peut proroger, ajourner et dissoudre la Chambre des Représentants. La proclamation qui prononce la dissolution convoque les colléges électoraux pour une élection nouvelle, et indique la réunion des représentants dans six mois au plus tard.

22. — Durant l'intervalle des sessions de la Chambre des Représentants, ou en cas de dissolution de cette Chambre, la Chambre des Pairs ne peut s'assembler.

23. — Le Gouvernement a la proposition de la loi ; les Chambres peuvent proposer des amendements : si ces amendements ne sont pas adoptés par le Gouvernement, les Chambres sont tenues de voter sur la loi telle qu'elle a été proposée.

24. — Les Chambres ont la faculté d'inviter le Gouver-

nement à proposer une loi sur un objet déterminé, et de rédiger ce qu'il leur paraît convenable d'insérer dans la loi. Cette demande peut être faite par chacune des deux chambres.

25. — Lorsqu'une rédaction est adoptée dans l'une des deux Chambres, elle est portée à l'autre, et si elle y est approuvée, elle est portée à l'Empereur.

26. — Aucun discours écrit, excepté les rapports des commissions, les rapports des Ministres sur les lois qui sont présentées, et les comptes qui sont rendus, ne peut être lu dans l'une ou l'autre des Chambres.

TITRE II.

DES COLLÉGES ÉLECTORAUX ET DU MODE D'ÉLECTION.

27. — Les colléges électoraux de département et d'arrondissement sont maintenus, conformément au sénatus-consulte du 16 thermidor an X, sauf les modifications qui suivent.

28. — Les assemblées de canton rempliront chaque année, par des élections annuelles, toutes les vacances dans les colléges électoraux.

29. — A dater de l'an 1816, un membre de la Chambre des pairs, désigné par l'Empereur, sera président à vie et inamovible de chaque collége électoral du département.

30. — A dater de la même époque, le collége électoral de chaque département nommera, parmi les membres de chaque collége d'arrondissement, le président et deux vice-présidents. A cet effet, l'assemblée du collége de dé-

partement précédera de quinze jours celle du collége d'arrondissement.

31. — Les colléges de département et d'arrondissement nommeront le nombre de représentants établi pour chacun par l'acte et le tableau ci-annexés, n° I.

32. — Les Représentants peuvent être choisis indifféremment dans toute l'étendue de la France.

Chaque collége de département ou d'arrondissement qui choisira un Représentant hors du département ou de l'arrondissement, nommera un suppléant, qui sera pris nécessairement dans le département ou l'arrondissement.

33. — L'industrie et la propriété manufacturière et commerciale auront une représentation spéciale.

L'élection des Représentants commerciaux et manufacturiers sera faite par le collége électoral de département sur une liste d'éligibles dressée par les chambres consultatives réunies, suivant l'acte et le tableau ci-annexés, n° II.

TITRE III.

DE LA LOI DE L'IMPÔT.

34. — L'impôt général direct, soit foncier, soit mobilier, n'est voté que pour un an; les impôts indirects peuvent être votés pour plusieurs années.

Dans le cas de la dissolution de la Chambre des Représentants, les impositions votées dans la session précédente sont continuées jusqu'à la nouvelle réunion de la chambre.

35. — Aucun impôt direct ou indirect en argent ou en nature ne peut être perçu, aucun emprunt ne peut avoir

lieu, aucune inscription de créance au Grand-Livre de la dette publique ne peut être faite, aucun domaine ne peut être aliéné, ni échangé, aucune levée d'hommes pour l'armée ne peut être ordonnée, aucune portion du territoire ne peut être échangée, qu'en vertu d'une loi.

36. — Toute proposition d'impôt, d'emprunt ou de levée d'hommes, ne peut être faite qu'à la Chambre des Représentants.

37. — C'est aussi à la Chambre des Représentants qu'est porté d'abord : 1° le budget général de l'État, contenant l'aperçu des recettes et la proposition des fonds assignés pour l'année à chaque département du ministère; 2° le compte des recettes et dépenses de l'année ou des années précédentes.

TITRE IV.

DES MINISTRES ET DE LA RESPONSABILITÉ.

38. — Tous les actes du Gouvernement doivent être contre-signés par un Ministre ayant département.

39. — Les Ministres sont responsables des actes du Gouvernement signés par eux, ainsi que de l'exécution des lois.

40. — Ils peuvent être accusés par la Chambre des Représentants, et sont jugés par celle des Pairs.

41. — Tout Ministre, tout commandant d'armée de terre ou de mer, peut être accusé par la Chambre des Représentants et jugé par la Chambre des Pairs, pour avoir compromis la sûreté ou l'honneur de la nation.

42. — La Chambre des Pairs, en ce cas, exerce, soit pour caractériser le délit, soit pour infliger la peine, un pouvoir discrétionnaire.

43. — Avant de prononcer la mise en accusation d'un Ministre, la Chambre des Représentants doit déclarer qu'il y a lieu à examiner la proposition d'accusation.

44. — Cette déclaration ne peut se faire qu'après le rapport d'une commission de soixante membres tirés au sort. Cette commission ne fait son rapport que dix jours au plutôt après sa nomination.

45. — Quand la Chambre a déclaré qu'il y a lieu à examen, elle peut appeler le Ministre dans son sein pour lui demander des explications. Cet appel ne peut avoir lieu que dix jours après le rapport de la commission.

46. — Dans tout autre cas, les ministres ayant département ne peuvent être appelés ni mandés par les Chambres.

47. — Lorsque la Chambre des Représentants a déclaré qu'il y a lieu à examen contre un Ministre, il est formé une nouvelle commission de soixante membres, tirés au sort comme la première, et il est fait, par cette commission, un nouveau rapport sur la mise en accusation. Cette commission ne fait son rapport que dix jours après sa nomination.

48. — La mise en accusation ne peut être prononcée que dix jours après la lecture et la distribution du rapport.

49. — L'accusation étant prononcée, la Chambre des Représentants nomme cinq commissaires pris dans son sein, pour poursuivre l'accusation devant la Chambre des Pairs.

50. — L'article 75 du titre VIII de l'Acte constitutionnel du 22 frimaire an VIII, portant que les agents du Gouver-

nement ne peuvent être poursuivis qu'en vertu d'une décision du conseil d'État, sera modifié par une loi.

TITRE V.

DU POUVOIR JUDICIAIRE.

51. — L'Empereur nomme tous les juges. Ils sont inamovibles et à vie dès l'instant de leur nomination, sauf la nomination des juges de paix et des juges de commerce, qui aura lieu comme par le passé. Les juges actuels nommés par l'Empereur, aux termes du sénatus-consulte du 12 octobre 1807, et qu'il jugera convenable de conserver, recevront des provisions à vie avant le 1er janvier prochain.

52. — L'institution des jurés est maintenue.

53. — Les débats en matière criminelle sont publics.

54. — Les délits militaires seuls sont du ressort des tribunaux militaires.

55. — Tous les autres délits, même commis par les militaires, sont de la compétence des tribunaux civils.

56. — Tous les crimes et délits qui étaient attribués à la Haute-Cour impériale et dont le jugement n'est pas réservé par le présent acte à la Chambre des Pairs, seront portés devant les tribunaux ordinaires.

57. — L'Empereur a le droit de faire grâce, même en matière correctionnelle, et d'accorder des amnisties.

58. — Les interprétations des lois, demandées par la Cour de Cassation, seront données dans la forme d'une loi.

TITRE VI.

DROIT DES CITOYENS.

59. — Les Français sont égaux devant la loi, soit pour la contribution aux impôts et charges publiques, soit pour l'admission aux emplois civils et militaires.

60. — Nul ne peut, sous aucun prétexte, être distrait des juges qui lui sont assignés par la loi.

61. — Nul ne peut être poursuivi, arrêté, détenu ni exilé, que dans les cas prévus par la loi et suivant les formes prescrites.

62. — La liberté des cultes est garantie à tous.

63. — Toutes les propriétés possédées ou acquises en vertu des lois, et toutes les créances sur l'État, sont inviolables.

64. — Tout citoyen a le droit d'imprimer et de publier ses pensées, en les signant, sans aucune censure préalable, sauf la responsabilité légale, après la publication, par jugement par jurés, quand même il n'y aurait lieu qu'à l'application d'une peine correctionnelle.

65. — Le droit de pétition est assuré à tous les citoyens. Toute pétition est individuelle. Des pétitions peuvent être adressées, soit au Gouvernement, soit aux deux Chambres : néanmoins ces dernières mêmes doivent porter l'intitulé : A. S. M. l'Empereur. Elles seront présentées aux Chambres sous la garantie d'un Membre qui recommande la pétition. Elles sont lues publiquement ; et si la Chambre les prend en considération, elles sont portées à l'Empereur par le Président.

66.— Aucune place, aucune partie du territoire, ne peut être déclarée en état de siége, que dans le cas d'invasion de la part d'une force étrangère, ou de troubles civils.

Dans le premier cas, la déclaration est faite par un acte du Gouvernement.

Dans le second cas, elle ne peut l'être que par la loi.

Toutefois, si, le cas arrivant, les Chambres ne sont pas assemblées, l'acte du Gouvernement déclarant l'état de siége doit être converti en une proposition de loi dans les quinze premiers jours de la réunion des Chambres.

67.— Le peuple français déclare que, dans la délégation qu'il a faite et qu'il fait de ses pouvoirs, il n'a pas entendu et n'entend pas donner le droit de proposer le rétablissement des Bourbons ou d'aucun prince de cette famille sur le trône, même en cas d'extinction de la dynastie impériale, ni le droit de rétablir, soit l'ancienne noblesse féodale, soit les droits féodaux et seigneuriaux, soit les dîmes, soit aucun culte privilégié et dominant, ni la faculté de porter aucune atteinte à l'irrévocabilité de la vente des domaines nationaux; il interdit formellement au Gouvernement, aux Chambres et aux Citoyens, toute proposition à cet égard.

Donné à Paris, le 22 avril 1815.

Signé : NAPOLÉON.

Pour l'Empereur :

Le Ministre secrétaire d'Etat,

Signé : Duc de Bassano.

APPENDICE

On sait que Benjamin Constant, en haine du gouvernement d'un seul homme, — quel que pût être le génie de cet homme, — (pensant avec raison *qu'un homme n'était pas une institution,* comme l'a dit spirituellement M. Thiers), — partisan, au reste, du gouvernement parlementaire, s'était déclaré avec éclat, en 1814, adhérent à la Charte, et était par conséquent disposé à soutenir les Bourbons en tant que rois constitutionnels, s'ils voulaient l'être franchement.

Benjamin Constant croyait alors les Bourbons sincères, et il avait, à ce titre, vivement écrit en leur faveur ; il les avait défendus chaleureusement dans les divers jours de leur règne; mais ignorant des intentions de Napoléon, ne voyant en lui que le chef militaire, que l'ennemi de la liberté (ainsi le croyait-il), — que l'ancien Empereur, qui ne souffrait aucune sorte d'opposition, et à qui il semblait qu'on pût dire même, sans étonner son orgueil, ce que dit Orgon à Cléante :

Tout le savoir du monde est en vous retiré,
Vous êtes le seul sage et le seul éclairé ;

Benjamin Constant, dis-je, avait notamment publié un terrible article contre Napoléon, la veille même de la rentrée de l'Empereur à Paris. L'Empereur ne l'ignorait pas ; et, néanmoins, il sentit qu'un homme comme Benjamin Constant lui serait acquis malgré tout, dès qu'il connaîtrait ses nouvelles dispositions libérales. Il voulut donc voir ce chef de parti, le consulter sur ses projets et lui montrer ce qu'il était devenu. Éclairé par l'expérience, et dégoûté du servilisme intéressé de ses anciens courtisans, car presque tous l'avaient trahi et honni depuis sa chute, il appela l'ancien tribun au palais impérial. Voici comment Benjamin Constant, dans ses *Mémoires*, raconte cette entrevue, ainsi que les circonstances qui la précédèrent :

Le 14 avril, je reçus la lettre suivante : « Le chambellan de service a l'honneur de prévenir M. Benjamin « Constant que S. M. l'Empereur lui a donné l'ordre de « lui écrire, pour l'inviter à se rendre de suite au palais « des Tuileries. Le chambellan de service prie M. Benjamin Constant de recevoir l'assurance de sa considération distinguée. Paris, le 14 avril 1815. »

« Si je désirais me ménager des excuses, je dirais que, déjà convaincu de la sincérité de Bonaparte, je m'empressai d'obéir au premier signe, ou que, tremblant devant sa puissance, j'avais regardé cette invitation comme un ordre dangereux à dédaigner ; de la sorte, j'obtiendrais grâce de beaucoup de gens en alléguant la duperie ou la peur. Ceux qui se sont dits forcés d'accepter les faveurs qu'ils avaient mendiées reconnaîtraient en moi leur langage, et ils m'absoudraient par sympathie ; mais je n'ai pas ce droit à leur indulgence.

« Je ne croyais point, comme je l'ai déjà dit, à la conversion subite d'un homme qui si long-temps avait exercé l'autorité la plus absolue ; les habitudes du despotisme ne se perdent guère. En même temps, je ne redoutais aucune persécution ; il m'était démontré que les ennemis de Bonaparte n'avaient pour le moment rien à craindre. Il sondait l'opinion et donnait à chacun le temps de s'échapper ; il ne serait redevenu terrible qu'à l'instant où il aurait pris son parti et constitué sa dictature. Je me sentais donc parfaitement libre ; je pouvais refuser la coopération quelconque que je prévoyais devoir m'être proposée. Il dépendait de moi de ne point aller aux Tuileries, de vivre solitaire, ou de quitter la France, et d'attendre en paix les chances de l'avenir ; ce fut volontairement que j'acceptai l'invitation qui m'était adressée.

« Je voulus savoir par moi-même ce que nous pouvions espérer encore, et ce que l'expérience avait opéré. Quelqu'incertaine que soit une chance pour la liberté d'un peuple, il n'est pas permis de la repousser ; ma résolution ne pouvait avoir d'inconvénients que pour moi. En cas de non-succès, j'encourais le reproche de versatilité et d'inconséquence ; mais si je parvenais à faire adopter un seul bon principe, à mitiger une seule rigueur arbitraire, l'avantage était pour la France entière, qui, certes, dans le labyrinthe où le 20 mars l'avait entraînée, n'avait pas trop de la réunion de tous ses citoyens dévoués.

« Je me rendis donc aux Tuileries ; je trouvai Bonaparte seul. Il commença le premier la conversation. Elle fut longue ; je n'en donnerai qu'une analyse, car je ne me propose point de mettre en scène un homme malheureux. Je n'amuserai pas mes lecteurs aux dépens de la puissance déchue ; je ne livrerai point à la curiosité malveillante celui que j'ai servi par un motif quelconque, et je ne transcrirai de ses discours que ce qui sera indispensable ;

mais, dans ce que je transcrirai, je rapporterai ses propres paroles.

« Il n'essaya de me tromper ni sur ses vues, ni sur l'état des choses. Il ne se présenta point comme corrigé par les leçons de l'adversité. Il ne voulut point se donner le mérite de revenir à la liberté par inclination. Il examina froidement dans son intérêt, avec une impartialité trop voisine de l'indifférence, ce qui était possible et ce qui était préférable.

« La nation, me dit-il, s'est reposée douze ans de « toute agitation politique, et depuis une année elle « se repose de la guerre. Ce double repos lui a rendu « un besoin d'activité. Elle veut, ou croit vouloir une « tribune et des assemblées. Elle ne les a pas toujours « voulues ; elle s'est jetée à mes pieds quand je suis « arrivé au gouvernement. Vous devez vous en souvenir, « vous qui essayâtes de l'opposition. Où était votre appui, « votre force ? Nulle part. J'ai pris moins d'autorité que « l'on ne m'invitait à en prendre..... Aujourd'hui tout « est changé. Un gouvernement faible, contraire aux « intérêts nationaux, a donné à ces intérêts l'habitude « d'être en défense et de chicaner l'autorité. Le goût des « constitutions, des débats, des harangues paraît revenu... « Cependant ce n'est que la minorité qui les veut, ne vous « y trompez pas. Le peuple, ou si vous l'aimez mieux, la « multitude ne veut que moi. Vous ne l'avez pas vue cette « multitude se pressant sur mes pas, se précipitant du « haut des montagnes, m'appelant, me cherchant, me « saluant [1]. A ma rentrée de Cannes ici, je n'ai pas

[1] Bonaparte mettait un grand prix à prouver que son retour n'avait pas

« conquis, j'ai administré..... Je ne suis pas seulement,
« comme on l'a dit, l'Empereur des soldats, je suis celui
« des paysans, des plébéiens, de la France..... Aussi,
« malgré tout le passé, vous voyez le peuple revenir à
« moi. Il y a sympathie entre nous. Ce n'est pas comme
« avec les privilégiés. La noblesse m'a servi; elle s'est
« lancée en foule dans mes antichambres. Il n'y a pas de
« place qu'elle n'ait acceptée, demandée, sollicitée. J'ai
« eu des Montmorency, des Noailles, des Rohan, des
« Beauveau, des Mortemart. Mais il n'y a jamais eu
« analogie. Le cheval faisait des courbettes ; il était bien
« dressé, mais je le sentais frémir. Avec le peuple, c'est
« autre chose. La fibre populaire répond à la mienne. Je
« suis sorti des rangs du peuple : ma voix agit sur lui.
« Voyez ces conscrits, ces fils de paysans, je ne les flattais
« pas ; je les traitais rudement. Ils ne m'entouraient pas
» moins, ils n'en criaient pas moins : *Vive l'Empereur !*
« C'est qu'entre eux et moi il y a même nature. Ils me
« regardent comme leur soutien, leur sauveur contre les
« nobles..... Je n'ai qu'à faire un signe, ou plutôt qu'à
« détourner les yeux, les nobles seront massacrés dans

été un mouvement militaire. Je suis fâché de n'avoir pas avec moi six pages qu'il avait ou écrites ou dictées à ce sujet, et qu'il avait soigneusement corrigées. Il me les remit lors de la communication que je rapporte ici. Il désirait que je répondisse à lord Castelreagh qui avait, dans une harangue au Parlement, attribué tout son succès à l'armée. Ne voulant rien écrire avant que d'être sûr que ce n'était pas un despote que je rendais à la France, je me refusai à ce travail; et, en 1815, je confiai l'esquisse que Napoléon m'avait remise à un de mes amis qui partit pour l'Angleterre, d'où j'ai négligé jusqu'à présent de la faire revenir. Il y avait beaucoup de chaleur; des expressions bizarres, mais fortes; une grande rapidité de pensée, et quelques traits d'une véritable éloquence.

« toutes les provinces. Ils ont si bien manœuvré depuis « dix mois !... Mais je ne veux pas être le roi d'une « jacquerie. S'il y a des moyens de gouverner par une « constitution, à la bonne heure..... J'ai voulu l'empire « du monde, et, pour me l'assurer, un pouvoir sans « borne m'était nécessaire. Pour gouverner la France « seule, il se peut qu'une constitution vaille mieux..... « J'ai voulu l'empire du monde, et qui ne l'aurait pas « voulu à ma place ? Le monde m'invitait à le régir. « Souverains et sujets se précipitaient à l'envi sous mon « sceptre. J'ai rarement trouvé de la résistance en France ; « mais j'en ai pourtant rencontré davantage dans quelques « Français obscurs et désarmés, que dans tous ces rois si « fiers aujourd'hui de n'avoir plus un homme populaire « pour égal..... Voyez donc ce qui vous semble possible ; « apportez-moi vos idées. Des discussions publiques, des « élections libres, des ministres responsables, la liberté « de la presse, je veux tout cela..... La liberté de la « presse surtout ; l'étouffer est absurde. Je suis l'homme « du peuple ; si le peuple veut réellement la liberté, je « la lui dois. J'ai reconnu sa souveraineté. Il faut que je « prête l'oreille à ses volontés, même à ses caprices. Je « n'ai jamais voulu l'opprimer pour mon plaisir. J'avais « de grands desseins ; le sort en a décidé. Je ne suis plus « un conquérant ; je ne puis plus l'être. Je sais ce qui est « possible et ce qui ne l'est pas. Je n'ai plus qu'une « mission, relever la France et lui donner un gouvernement qui lui convienne..... Je ne hais point la liberté. « Je l'ai écartée lorsqu'elle obstruait ma route ; mais je « la comprends : j'ai été nourri dans ses pensées.....

« Aussi bien l'ouvrage de quinze années est détruit; il « ne peut se recommencer. Il faudrait vingt ans et deux « millions d'hommes à sacrifier..... D'ailleurs je désire « la paix, et je ne l'obtiendrai qu'à force de victoires. Je « ne veux pas vous donner de fausses espérances ; je laisse « dire qu'il y a des négociations : il n'y en a point. Je « prévois une lutte difficile, une guerre longue. Pour la « soutenir, il faut que la nation m'appuie ; mais en ré- « compense, je le crois, elle exigera de la liberté. Elle « en aura..... La situation est neuve. Je ne demande « pas mieux que d'être éclairé. Je vieillis. On n'est plus à « quarante-cinq ans ce qu'on était à trente. Le repos « d'un roi constitutionnel peut me convenir. Il conviendra « plus sûrement encore à mon fils. »

Tel fut à peu près le sens de mon premier entretien avec Bonaparte.

Transcrire mes réponses serait superflu. Il est trop aisé de se faire valoir, en s'attribuant une intrépidité ou une éloquence dont personne n'a été témoin. Le public doit être fatigué de tous ces discours, de toutes ces lettres qu'on prétend avoir adressées à un homme puissant, aujourd'hui qu'il est tombé.

Je me retirai sans avoir pris une résolution décisive, sans avoir contracté d'engagement. »

— Là s'arrête à strictement parler la conversation de Napoléon et de Benjamin Constant; mais les réflexions du coryphée de l'école libérale, devenu l'un des chefs principaux du parti constitutionnel, me paraissent trop intéressantes pour que je ne continue pas à les citer. Je poursuis donc.

« Il était clair, ajoute Benjamin Constant, que si l'expérience avait démontré à Napoléon que momentanément la liberté lui était nécessaire, elle ne l'avait point convaincu que cette liberté qu'il voulait bien employer comme moyen fût le but principal, ou, pour parler plus exactement, le seul but des associations humaines, — but pour lequel les gouvernements existent, et auquel leur droit à l'existence est subordonné. Je savais trop que des déclarations vagues en faveur de la souveraineté du peuple, n'opposent aux empiétements de l'autorité aucune barrière. Comme ce sont toujours les dépositaires de l'autorité, soit législative, soit exécutive, qui expriment la volonté du peuple souverain, il est facile à tous les gouvernements, et plus facile à tous les gouvernements représentatifs qu'aux autres, quand les droits individuels ne sont pas garantis par des institutions fortes, de faire valoir au souverain prétendu, tout ce qui peut servir à l'opprimer comme sujet, ou prenant la route opposée pour arriver à un terme identique, de l'opprimer comme sujet pour lui faire sanctionner son esclavage comme souverain : Bonaparte lui-même nous avait légué plus d'un exemple frappant en ce genre.

« Dans tous ses discours, j'avais reconnu ce mépris pour les discussions et pour les formes délibérantes, caractère inhérent aux hommes qui ont l'instinct du pouvoir absolu. Il y avait plus de grandeur dans ses expressions, je ne sais quoi de plus large dans son dédain, parce qu'il parlait après douze ans de victoires, et le front ombragé d'immortels lauriers; mais il me rappelait pourtant le système de ce ministre de 1814 qui avait considéré la charte comme un leurre jeté au peuple français pour satisfaire une fantaisie d'un jour, dont ce peuple se dégoûterait bientôt lui-même. Comme il n'y a de raison, de justice, d'élévation véritable que dans les principes de la liberté, il y a toujours quelque chose de faux, d'étroit, et même de ridicule dans les ennemis de ces principes, qu'ils soient abbés ou conquérants, et à quelque hauteur que le sort les place.

« Enfin, je n'avais pu méconnaître des regrets étouffés et non détruits, pour un régime de guerre, de conquêtes et de suprématie européenne. Qui pouvait répondre de l'effet de ces regrets trop mal déguisés, si de rapides et de brillants succès rouvraient à Bonaparte une carrière aventureuse de gloire et de périls, qui avait seule des charmes pour lui ?

« Je ne nierai point toutefois que cette entrevue n'eût diminué, sous quelques rapports, ma conviction antérieure que la puissance et la liberté étaient incompatibles. Mille nuances qui restent inaperçues dans l'éloignement se montrent à l'œil attentif quand la distance devient moins grande ; et il y a bien peu d'êtres, quelque redoutables qu'ils paraissent, dans lesquels on ne démêle de près quelque chose d'humain.

« Il m'avait semblé d'ailleurs, dès cette première entrevue, que ce caractère tranchant dans les formes était, à quelques égards, flexible au fond et même irrésolu : il commençait par commander, mais il avait besoin de convaincre ; et, ballotté, dans ces derniers temps surtout, par des incertitudes perpétuelles, il se rendait au silence de la désapprobation, après avoir résisté à la contradiction

directe. Cette observation, que je n'avais faite que rapidement, m'a paru chaque jour plus vraie durant les trois mois de mes relations avec cet homme extraordinaire. J'ai eu à regretter plus d'une fois de n'en avoir pas tiré tout de suite des conséquences assez étendues : mais cet aperçu, tout imparfait qu'il était encore, entra pour beaucoup dans une détermination qui fut, après cet entretien, le résultat de réflexions assez longues.

« Sans doute, il était difficile d'allier Bonaparte et la liberté ; mais n'en est-il pas ainsi de presque tous les hommes qui ont en main la puissance? Prétendre qu'ils nous fassent de la liberté un don volontaire, est une exigence absurde et niaise. Guillaume III s'était montré despote en Hollande : il espérait bien le devenir en Angleterre, au mépris de ceux qui l'avaient appelé, et avec le secours de ses gardes hollandaises, dont on eut tant de peine à obtenir le renvoi. Ce fut en luttant obstinément contre lui que les whigs empêchèrent la maison d'Orange d'imiter celle des Stuart, qu'elle avait remplacée. Les Torys servirent aussi par leur résistance ; leur attachement à un autre qu'à Guillaume discrédita aux yeux de ce dernier, des théories de pouvoir absolu dont il se fût volontiers saisi pour son usage.

« Ainsi les causes justes profitent de tout, des bonnes intentions comme des mauvaises, des calculs personnels comme des dévouements courageux, de la démence, enfin, comme de la raison. »

Paris. — Imp. de Pillet fils aîné, rue des Grands-Augustins, 5.

www.ingramcontent.com/pod-product-compliance
Lightning Source LLC
LaVergne TN
LVHW020422230826
846091LV00004B/1366
9782011784681